ぐんぐん英語力がアップする
音読パッケージトレーニング
中級レベル

森沢 洋介 ★著

はじめに

　英語を習得するために、文法と基礎語彙を学び文構造の分析力をつけるといった知識面の学習は重要ですが、言語として英語を使えるようにするためには、これだけでは十分ではありません。加えて知識の範囲内の英文を使って音声的トレーニングを行うことが必要です。古くからおこなわれている音読はこの音声トレーニングの代表格です。その他に、リスニング、リピーティング、シャドーイングといった効果的な方法があります。音読パッケージは、一つのテキストを用いて、音読を軸として、リスニング、リピーティング、シャドーイングをパッケージ化して行うトレーニングです。

　文字媒体での学習中心だった方が、音声的トレーニングを始める際は、背伸びをせず、敢えて非常に基礎的なレベルの素材を用いることが、順調な力の向上のためには確実な方法です。少なからぬ指導者がそうするように、私も学習者を指導する際、音声トレーニングの端緒として、中学レベルの英文に取り組むことを勧めています。
　前作の「みるみる英語力がアップする音読パッケージトレーニング」は音読パッケージに初めて取り組む学習者用テキストして、ほぼ中学英語の範囲内の英文を用いました。

　しかし、中学英語レベルを終えた後、学習者が次のトレーニング素材の選択に困ることが少なくありません。
　中学英語の次は、当然、高校英語ということで、高校英語のテキスト、あるいは同レベルの素材を使用った場合、これを持て余してしまう方が多いのです。
　実は中学英語テキストと高校英語テキストの間にはかなりの開きがあり、この距離をすんなりと乗り越えられるのは、どちらか

というと少数派で、もともとある程度の力を備えている人たちです。

　主宰する教室でこの問題に遭遇し、私が選択し、現在まで大きな効果を得て来たのは、英検2級のリスニング問題用の英文です。英検2級の読解問題では、高校の英語のすべてが網羅されたかなり高度な英文が使用されていますが、リスニング問題で用いられるのは非常に平易な英文です。そのレベルは、中学英語をいくらか越え、高校初級の文法・構文、及び語彙が使われているといったもので、中学英語と高校英語の間に横たわる距離に橋を架ける素材として理想的です。

　もとより英検2級のリスニング問題は、英語学習教材として意図されたものではないし、独立した教材として、書店などで入手できるものではありません。しかし、多少の注意と想像力を使えば、本来テキストとして作られていないものの中に、学習のための好素材が潜んでいる好例です。

　この度、日本英語検定協会様の了承を得て、本テキストでは実際の英検2級のリスニング問題用英文を使用しています。中学英語レベルの英文での音読パッケージを終えた学習者が、次に取り組むのに格好の素材であると共に、ある程度の力がある方が、はじめて音読パッケージを行うのにも適していると確信しています。

森沢洋介

ぐんぐん英語力がアップする音読パッケージトレーニング中級レベル　もくじ

はじめに　3

音読パッケージとは　7
　英語学習の2分野　7
　音読トレーニングのパッケージ化　9
　音読パッケージに使用する素材　11
　本書を使った音読パッケージトレーニングの行い方　13
　音読パッケージのメインパート　20
　素材のおかわり　31
　レベル向上と音読パッケージトレーニングの変化　34
　本テキストの構成・内容について　37

[全パッセージ90]

Passage 1　38	Passage 14　64	Passage 27　90
Passage 2　40	Passage 15　66	Passage 28　92
Passage 3　42	Passage 16　68	Passage 29　94
Passage 4　44	Passage 17　70	Passage 30　96
Passage 5　46	Passage 18　72	Passage 31　98
Passage 6　48	Passage 19　74	Passage 32　100
Passage 7　50	Passage 20　76	Passage 33　102
Passage 8　52	Passage 21　78	Passage 34　104
Passage 9　54	Passage 22　80	Passage 35　106
Passage 10　56	Passage 23　82	Passage 36　108
Passage 11　58	Passage 24　84	Passage 37　110
Passage 12　60	Passage 25　86	Passage 38　112
Passage 13　62	Passage 26　88	Passage 39　114

Passage 40	116	Passage 57	150	Passage 74	184
Passage 41	118	Passage 58	152	Passage 75	186
Passage 42	120	Passage 59	154	Passage 76	188
Passage 43	122	Passage 60	156	Passage 77	190
Passage 44	124	Passage 61	158	Passage 78	192
Passage 45	126	Passage 62	160	Passage 79	194
Passage 46	128	Passage 63	162	Passage 80	196
Passage 47	130	Passage 64	164	Passage 81	198
Passage 48	132	Passage 65	166	Passage 82	200
Passage 49	134	Passage 66	168	Passage 83	202
Passage 50	136	Passage 67	170	Passage 84	204
Passage 51	138	Passage 68	172	Passage 85	206
Passage 52	140	Passage 69	174	Passage 86	208
Passage 53	142	Passage 70	176	Passage 87	210
Passage 54	144	Passage 71	178	Passage 88	212
Passage 55	146	Passage 72	180	Passage 89	214
Passage 56	148	Passage 73	182	Passage 90	216

「音読」エピソード　219

音読パッケージとは

英語学習の2分野

外国語を読み、聴き、話せるようになるためには、2つの分野の学習・訓練を行う必要があります。まず、文法の基本を学び、読解をして、基礎語彙を覚えるといった**学習系、あるいは頭脳系**の訓練があります。ほとんどの日本人は英語に関して、学校や受験勉強でこれを行っています。母語に関しては、私たちはこのような意識的な学習なしに自然と身に付けてしまいます。しかし、幼児が母語を習得するのとまったく同じように外国語を身につけることは、あまり現実的ではないでしょう。年齢や環境の条件が違い過ぎるからです。一定の年齢になってから、その言語が日常的に使われていない環境の中で外国語を習得するには、やはり学習から入るのが確実な方法でしょう。ですから、学校の授業や受験勉強で、文法や読解を学ぶことは、意義のあることだし、必要なことです。逆に学生時代に勉強をさぼってしまったけれど、社会に出てから英語が必要になった、あるいは身につけようと決意した人は、学生時代にやらなかった学習を、遅ればせながらする必要があります。

問題は学生時代に英語を勉強して、受験などでは成果を上げてきた人でも、それだけでは英語を実用レベルで使えないことです。外国語を使いこなせるようになるためには、学習系だけではなく、もう一つの分野、**稼働系、あるいは運動系**の訓練を行う必要があ

ります。稼働系（運動系）のトレーニングとは、音読を筆頭にリスニング、リピーティング、シャドーイングといった耳と口を使う作業で、学習で得た知識を技術＝スキルに変え稼働させることです。学習でまず知識の枠組みを作りあげることは必要ですが、それだけでは、いわば土地を買ったものの、その後有効な活用をせず更地のままにしているようなものです。稼働系トレーニングで、枠組みの内側の空洞を、スキルで埋めていかなければいけません。本書で紹介する音読パッケージは、すでに持っている英語の知識をスキルに変えるための強力な稼働系トレーニングです。

文法や読解の学習系だけで、
稼働系のトレーニングをしないのは、
土地を買って、更地のままに
しておくのと同じ

音声を使う
稼働系のトレーニング

しっかり
有効活用!!

音読トレーニングのパッケージ化

音読は外国語を習得するための伝統的な学習法です。私は、**外国語の力をつけるためには、文構造・意味を理解できる文・フレーズを自分の音声器官を使い（聴き、口にして）肉体化する**ことに尽きると考えています。音読はこのうちの「口にする」という作業です。英文を音読することによって得られる効果の代表的なものは、英語を言語として直接受け入れることができることです。返り読みをしたり、日本語に直したりせずに、英語の語順のまま直接理解できるようになるのです。いわば「**英語体質**」といったものが作られるのです。音声を使わず、英文を和訳したり、読解問題を解いたりといった学習だけでは、この体質変化は起こりません。英語を使う環境にいない人が、音読的な訓練をまったくやらずに、英語を感覚的に受け入れる英語体質を作ることはできないでしょう。学習・訓練によって英語を習得した人たちが、異口同音に音読の重要性を語るのは当然なことです。

音読パッケージで、英語を直接理解して、
聴き取れる**「英語体質」**に変身！

英語を身につける上で極めて効果的で、必須の音読ですが、本書で紹介する音読パッケージは、音読を軸にして、その効果を倍増するトレーニングです。テキストを読み上げる音読では、「理解できる英文を口にする」ことはできていますが、「聴く」という側面が欠けています。従って、英語を聞き取る力をつけるために、それとは別にリスニング、リピーティング、シャドーイングなどを行うことになります。しかしこれらのトレーニングを、異なるテキストを使ってそれぞれ独立して行うのは、時間の点で大変負担になるし、作業も煩瑣なものになります。

音読パッケージでは、これをすべてパッケージにして、1つのテキストで音読、リスニング、リピーティング、シャドーイングを行ってしまいます。英語力が上級になると、確かに学習素材やトレーニングの多様性が必要になっていきますが、学習の初期から中期（TOEIC300台から600台位まで）にかけては、あれもこれもと手を広げず、1つの素材を音読パッケージすることによって、着実に英語力を付けていくことができます。

音読パッケージに使用する素材
素材のレベル
音読パッケージは、既に持っている知識に刺激を加え、感覚的に使えるスキルに変えることを目的とする稼働系（運動系）トレーニングです。トレーニングに使う教材は、**テキストの英文を見てしまえば、構文、語彙において知らないものがない、楽々と理解できる**ものを使用します。読んでわからないものは音読パッケージの素材として適当ではありません。極端な例として、高校入試の英語長文がやっと読める程度の初級者が、読解できない英字新聞の社説などを音読しても、ほとんど効果はありません。自分の読解のレベルを10とすると、音読パッケージに使用する教材は、5〜7程度の、余裕のあるものが適しています。

自分の読みのレベル10に対して
5〜7程度の難度の素材で、
余裕を持って行うと
どんどん進むよ！

テキストのレベルが
高すぎて負荷が
重すぎるよ〜

基礎力の枠が大きく、読解力が高い人は、トレーニングが進むにつれ教材のレベルをどんどん上げ、音読パッケージ素材をさまざまなものから選んで行けます。逆に、基礎力の枠が小さく読解できるものが限られている人は、素材のレベルを上げる前に、学習系の訓練で読解力を引き上げなければなりません。

素材の長さ

音読パッケージ・トレーニングでは、1つのテキストを何度も繰り返します（サイクル回し）ので、あまり長大な素材を使うとなかなか1回りせず、トレーニングが重く辛いものになってしまうので、適切な長さのものを使うことをお勧めします。

長すぎるものは避けたいですが、あまりにも短いものだと、栄養分に乏しく、また暗記が起こってしまいやすく、自然な刷り込み

を起こすのに不適切です。

しっかりと力の付くトレーニングを行うためには、20分から40分の素材が適切でしょう。

＊本テキストのノーマル音声（ポーズのついていない）のCDは約45分ですので、2つに分割して、2つの素材として使用するのもお勧めできる方法です。

本書を使った音読パッケージトレーニングの行い方

先行リスニング

音読パッケージ・トレーニングの最初のステップとして、ポーズの無いノーマルCDを使ってリスニングを行います。テキストは一切開かず、英語の音声だけを聴いて下さい。日本人の英語学習は、英語が学科や受験の科目とされているため、文字依存が非常に強いものです。日本語が漢字のような表意文字を使うこともあり、我々は視覚的に意味を理解する傾向も強いですが、英語をはじめとする欧米語ははるかに音に基づく言語です。解答用紙に答えを書いて終わる「学科英語」ではなく、「実用英語」を習得することも目的とする場合、まずは**文字依存からの脱却**をする必要があります。

文字依存から脱さなきゃ
言語の本体は音声だよ

　本テキストのノーマル音声CDは、全90のパッセージ（英文）が収録されていますが、そのすべてを（二分割する場合は分割したものすべて）を通して聴いて下さい。音読パッケージに使うテキストは文字を見て読んでしまえば、余裕を持って理解できるものを使用します。ですから、繰り返し聴くにつれて、霧が晴れるように徐々に内容の理解が深まっていくでしょう。しかし読めば簡単にわかる英文でも、さまざまな原因で、音声だけでは完全に理解しきれない部分が残るでしょう。まずは、音の連結です。この現象に慣れていないと簡単なフレーズでもわからないことがあります。pick it up や look at といった複数の単語からなるフレーズが、一語のようにつながり、それぞれ「ピキィッアッ」、「ルカッ」などのように聞こえるのが一例です。また、日本人の英語学習は文字媒体中心なので、読んでわかる語彙と聴いて理解できる語彙に大きな差があるのが一般的です。これも聴き取りによる理解を阻む大きな要因です。理解の深まり方には個人差があるで

しょうが、このテキスト全体のリスニングを、もう音声だけではこれ以上わからないという段階に至るまで数日間続けます。

先行リスニング

テキストは開かない

文字に頼らず音声だけで理解するぞ

CDを聴き、音声だけで内容を理解する

繰り返し聴くうちに内容がだんだんわかってくる

ん！だんだんわかってきたぞ

音声だけでは、もうこれ以上わからないという段階まで数日続ける

もうこれ以上はテキストで確かめないとわからないな

聴き解き

先行リスニングが終わったら、音読パッケージ・トレーニングに入っていきます。音読パッケージでは、テキストを何回も繰り返す「サイクル回し」を行いますが、最初のサイクルで、テキストを使って音声と文字を突き合わせ、確認していく「**聴き解き**」という作業を行います。

聴き解きでは、いきなり英文全体を見てしまわず、センテンス、フレーズごとに確認していきます。紙片などの目隠しを使うとやりやすいです。音声を1センテンス、あるいは1フレーズ聴き、聴き取った英語をリピーティングして（そのまま繰り返して）、それから目隠しをずらして、その部分だけを見て照合していきます。数度聴いて聴き取れないものは、あまり粘らずテキストを見て確認してください。

母語である日本語なら、我々は聴いたもののリピーティングがたやすくできるものです。これは、音韻体系、文法、語彙が刷り込まれ、ストックされているからです。これが外国語である英語となると、読んでしまえばたやすくわかる内容でも、聴き取れなかったり、リピーティングしても、さまざまな間違いを犯してしまうものです。

トランスクリプト（英文を文字化したもの）を使わない、聴くだけのリスニングでは、推測による理解にとどまってしまう部分が多いので、リスニングを済ませた後、必ずこの聴き解きを行ってください。

聴き解きを行うと、今まで文字だけで触れていたり、何となく聴

いていた単語・フレーズが音声として発された際のリアルな表情をしっかりと確認することができます。文字にされてしまえば、1つの単語は常に同じ姿です。しかし、実際には同じ単語・フレーズでも、音声化された時は、音の連結、現れる位置、その他の要因でかなりの幅を持っています。

音声的なトレーニングをほとんどしてこなかった人に聴き解きをしてもらうと、テキストで確認した後も、「とてもそう言っているようには聞こえない」と戸惑いを見せることが多いものです。文字というのはいわば言語の死骸、あるいは標本のようなものです。音声こそその言語の生きた姿で、それだけに生きが良くしばしば捕えがたいものです。しっかりと聴き、文字と照合することで、徐々にこの捕えがたさは薄れていきます。

聴き取った後、英文を見て確認し、音声と文字が一致しているのを納得することを、私が主宰する教室では「**耳を合わせる**」と言っています。トランスクリプトを確認した後でもそう言っているようには聞こえない—つまり耳が合わない時には、その場でモデル音声を真似てみてください。音声を一時停止して、聴いた音声を繰り返すリピーティングや音声にかぶせて同じことをいうオーバーラッピングを数度繰り返すと、耳が合いやすくなります。しかし、すべての単語、フレーズに対してその場で耳が合うとは限りません。そんな時にはあまりむきにならず、そう言っているものと割り切って次に進んでください。

英語の音声を聴き取る力は、文法などのように新しいことを覚え、その場で力がアップするというものではありません。技量が質的に変わらなければならないので、向上するには一定の期間が必要です。例えば、ウェイト・トレーニングで、きょう50キロのウェイトしか持ちあげられない人が、どんなに頑張ってもその日のうちに、100キロが上がるようにはならないのと同じです。今耳が合う部分をしっかり聴き、理解することによって、質的な変化が起こり、今耳が合わない個所も、しばらくすると受け入れられるようになってきます。

音声を聴き、聴き取ったセンテンス、フレーズを
正確にリピーティング
してみる

テキストを見て、照合する

紙などでかくして、
少しずつずらしていくと
やりやすいよ！

Murp
City is well known for its
cious cakes. Last year,
owner of the store retired,

あ、こういって
いたのか！

あ、完全に
聴き取れたと思ったら、
前置詞、冠詞を聴き
落としていたよ！

文字と音声を一致させる
作業（耳合わせ）を行う

耳が合いにくい時は、
リピーティング、
オーバーラッピングを
してみると合いやすくなる

う〜ん、
このフレーズは
耳合わせが
むずかしいな

このように、テキスト全体の通し聴きをしていた英文を、1パッセージごとに聴き解き、いよいよ声を出す、音読パッケージの本体部分に移っていきます。

＊聴き取った英語を書き取っていくと、ディクテーションになります。ディクテーションはリスニングを鍛える伝統的なトレーニング法です。英文も書きとることはその分時間も余計にかかりますが、単語の綴りや、綴りと発音の相関関係を学ぶことができ、得るところも多いので、こうしたことがまだ身についてない初心者は聴き解きをディクテーションで代用してもいいでしょう。

音読パッケージのメインパート

メインパートでは、声を出して、パッセージごとに音読、リピーティング、シャドーイングを行います。ここで、その手順、反復回数、注意点などを説明します。

リピーティングとシャドーイング

音読パッケージは、テキストを見ながら読み上げる音読を、リピーティングとシャドーイングでサンドイッチにして、効果と効率を上げる方法です。リピーティングもシャドーイングもリスニングのトレーニングとして紹介されることが多いのですが、意味の分かった英文を口から出すという作業を、音読と共有しており、音読とパッケージにしてトレーニングすることで、音読の効果をより大きなものにしてくれます。この両トレーニングについて解説しておきます。

リピーティングの行い方

ポーズ（休止）のある音源を使い、モデル音声を1センテンス、あるいは1フレーズ聴き、ポーズの間に、そっくり繰り返すのがリピーティングです。単に、音声を繰り返すだけでなく、文構造・意味をしっかり理解しながら行います。聴いて理解した音声を一旦保持する必要があるため、リピーティングは、リテンション（保持）トレーニングとも呼ばれます。

母語ではどんなものでも、その場でリピーティングが可能です。料理の手順だろうと、新聞の社説であろうと、誰かがそれを読み上げて、無理のない長さで休止してくれれば、それをそのまま繰り返すことは、日本語ならばたやすいことです。これは、我々には、母語である日本語の音韻体系、文法、（大人であれば）十分な語彙がストックされてしまっているからです。

しかし、ひとたび外国語となると、いきなり聞かされる音声をリピーティングするのは、たとえ読んでしまえば簡単に理解できる内容であろうと、非常に難しいものです。逆に言えば、どんな種類のものでも、それを聴き取って理解し、完璧にリピーティングできるなら、その外国語をマスターしていると言えるでしょう。

リピーティングトレーニングでは、学習者は音声をよく聴き、トランスクリプト（英文を文字化したもの）で確認し、そのトランスクリプトの助けを借りながら、リピーティングして、最終的にテキストを見ずにリピーティングしていきます。これにより、英語の音声としてのストック、保持能力などが鍛えられ、リスニン

グ力を筆頭に英語力の多方面を向上させることができます。音読パッケージでは、テキストを見ないリピーティングの完成をトレーニングの仕上がりとします。

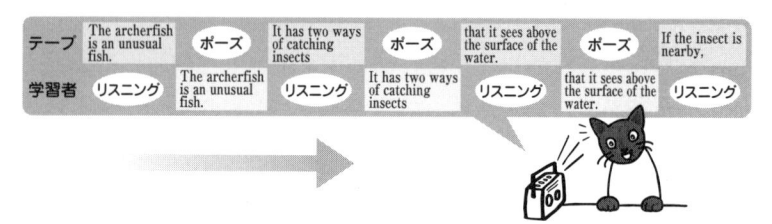

テープ	The archerfish is an unusual fish.	ポーズ	It has two ways of catching insects	ポーズ	that it sees above the surface of the water.	ポーズ	If the insect is nearby,
学習者	リスニング	The archerfish is an unusual fish.	リスニング	It has two ways of catching insects	リスニング	that it sees above the surface of the water.	リスニング

シャドーイングの行い方

シャドーイングは、聴いた音声を間髪入れずそのまま繰り返していくトレーニングです。その名の由来は、影(shadow)のようについていくことからです。トレーニングを行う際には、リピーティングと違い、ポーズの無い普通の読み上げ音声を用います。聴いた音声をリスニングして理解しつつ、同時に、一瞬前にリスニングしたフレーズを繰り返す並列的なトレーニングで、難しそうに思えるかもしれませんが、実際に行ってみればじきに慣れます。

シャドーイングは、通訳者の基本的トレーニングとなっており、やり方も様々で、1センテンス遅れて、2センテンス以上遅れてと、トレーニングの難度・負荷を増す方法もあります。しかし、本テキストで行うのは、一瞬待って、1語遅れ程度でついていく基本的方法で結構です。

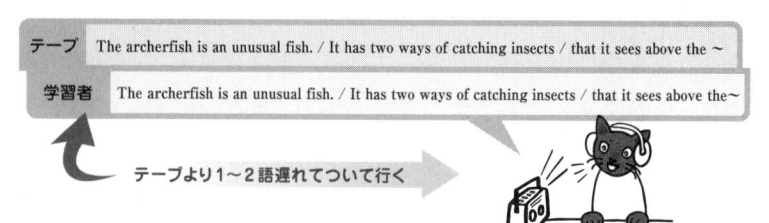

テープ	The archerfish is an unusual fish. / It has two ways of catching insects / that it sees above the ~
学習者	The archerfish is an unusual fish. / It has two ways of catching insects / that it sees above the~

テープより1〜2語遅れてついて行く

メインパートの手順
①テキストを見ないでリピーティング

1パッセージ＊を、テキストを見ないでリピーティングしてみます。音読パッケージでは、1パッセージごとにテキストを見ないリピーティングを完成していきます。まずは、その状態とどれくらい隔たりがあるか確認してみましょう。

読んでしまえば簡単で、なおかつ聴き解きを済ませた英文でも、いきなりテキストを見ないでリピーティングを行うとなかなか難しいものです。肉体系トレーニングの経験があまりなく英語体質ができていない学習者は、沢山の間違いを犯したり、あるいはリピーティングがほとんどできないかもしれません。逆に、力のある人はほとんどリピーティングができるかもしれません。どちらにしても、このテキスト無しのリピーティングで、仕上がり状態との開きを確認し、気をつける箇所などを浮上させます。

＊本テキストでは左ページの英文をパッセージ（passage）と呼びます。

②テキストを見ながらリピーティング

テキストを見ながらリピーティングを行います。①で浮上した問題点に気をつけながら、しっかりとモデルの音声を聴き、発音やイントネーションを真似て下さい。ここで気をつけるのは、テキストを開いたとたんに「文字依存」を起こし、モデル音声を聴くことをおろそかにしないことです。文字はあくまでも補助として使う感じで、主役は音声であることを忘れないでくだ

さい。3〜5回くらいリピーティングします。

力のある人は、この段階でテキストから目を離し、危なっかしいところをちらちらと見るだけにしてもいいでしょう。

③音読

CDを止め、テキストだけで音読します。②の作業で聴覚的な残像のように耳に残っているモデル音声を再現するように行います。英語を音声化することによって、単語・フレーズや構文のストック化が起こります。音読はリピーティングと比べ同じ時間、より多くの英語を口にすることができ、ストックを作るのに効率的です。同時に機械的になりやすいので注意して下さい。意識が飛んで、口だけが動いているということにならないように、文構造・意味をしっかりと把握しながら音読して下さい。暗記をしようとする必要はありません。英文を自分の中に落とし込む感じで、納得感が得られるまで音読します。機械的に回数をこなす必要はありませんが、納得感が得られるまで行えば、10〜15回位の回数になるでしょう。

力がある人は、英文をさっと見たあと目を離して再生するようにしてもいいでしょう。それが安定してできるようなら、回数もずっと下げて結構です。

④テキストを見ないリピーティング

1セッション（1パッセージに対する1回のトレーニング）の仕上げステップです。テキストを見ないでリピーティングを行います。間違えず安定してできれば、快適に3回位繰り返しま

す。このように理解できる英語音声を、文構造・意味を完全に理解しながら、快適に負荷なくリピーティングすることは英語のストックを蓄積し英語の総体的な力を増すのに非常に効果的です。

基礎レベルの学習者では、①〜④のステップの後でも、テキストを見ないリピーティングが困難なことも少なくありません。この際は、決して無理に行わず、②のテキストを見ながらのリピーティングを再び行ってください。サイクル回しで同じパッセージを何度も繰り返すのですから、その過程でテキスト無しのリピーティングができるようになれば良いのです。

このステップでの注意点は、音声をしっかり聴き文構造・意味を理解し、ポーズの間のリピーティングの際にも、意味を込めながら繰り返すことです。リピーティングはできていても、音声を注意して聴かず、リピーティングも上の空で覚えてしまったフレーズを口から出すだけでは、効果は薄いものになってしまいます。

＊トレーニングが進み、英語体質ができてくると、読んでわかるものなら、聴き解いた後はいきなりテキスト無しのリピーティングができるようになってしまいます。そのレベルになるとトレーニングの形態は反復回数が極端に少ない淡白なものになります。

⑤シャドーイング

最後にシャドーイングを行います。音読パッケージで行うシャドーイングは、音声の後にすぐについていくもっとも基本的なものですから、④のテキストを見ないリピーティングより簡単で、クールダウン的な要素もあります。3〜5回くらい行ってください。

基本レベルの学習者でシャドーイングにも慣れていないと、テキストを見ないシャドーイングが難しいこともあります。その場合はテキストを見て行ってください。リピーティングと同じように、サイクルを回すうちに、テキストから目を離せるようになれば結構です。

音読パッケージのメインパートでは、このように、1つのパッセージごとに、リピーティング、音読、シャドーイングで反復しますが、その回数は最初の1サイクル目では、合計で20〜30回位になります。但し、回数を機械的にきめる必要はありません。メインパートのゴールである、テキストを見ないリピーティングが仕上がるのに必要な回数が適正回数です。1サイクル目ではテキストを見ないリピーティングが仕上がらない方は、上限の30回の反復をするとよいでしょう。逆に、力がある人は1サイクル目から、15回前後の軽い回数で行って構いません。

これで1つのパッセージのトレーニングが終了です。そのまま、次のパッセージに進んでください。どんどん先に進みテキストの最後まで行ってください。

サイクル回し

テキストの最後まで（2分割する場合は分割したものの最後まで）、パッセージごとにトレーニングしたら、最初に戻り、2回り目のトレーニングを行います。聴き解きは1サイクル目に済ませているので、メインパートだけを行います。既に1サイクル回しているので、1セクションあたりの回数は初回より少なくなるでしょう。1サイクル目と同じようにテキストの最初から、最後までパッセージごとに行ってください。2サイクル目が終わったら、3サイクル目に移り、さらにサイクル回しを重ねていきます。サイクルを増すごとに、パッセージごとの反復回数は減り、1サイクル回すのに要する期間も短縮されていきます。

本テキストでの音読パッケージの仕上がり

サイクル回しを重ねていくと、やがて、いきなりテキストを見ないリピーティングとシャドーイングができるようになります。弱点の箇所や仕上がりにくいセンテンスやフレーズは、重点的に練習して下さい。最終的に、ポーズ付きのCDを流しっぱなしにして、テキスト全体に対して、テキストを見ないリピーティング及びシャドーイングができるようになれば本テキストでの音読パッケージは終了です。

トレーニング全体の流れ

先行リスニング テキスト全体を通して行います

↓

❶ サイクル目

聴き解き 1サイクル目のみ行います

［メインパート］
① テキストを見ないリピーティング
↓
② テキストを見ながらリピーティング
↓
③ 音読
↓
④ テキストを見ないリピーティング
↓
⑤ シャドーイング

> メインパートに入ったらパッセージごとに行うんだよ

↓

サイクル回し

サイクルを重ねるにつれて、反復回数が減っていく

↓

どの箇所でもテキストを見ないリピーティングができるようになったら完成

学習者のレベルにより、トレーニング終了までの
サイクル数、反復回数は異なります

	1サイクル目	2サイクル目	3サイクル目	4サイクル目	5サイクル目	6サイクル目	7サイクル目
TOEIC 400前後の学習者	30	+ 20	+ 15	+ 10	+ 10	+ 10	+ 10 完成
TOEIC 500〜600位の学習者	20	+ 15	+ 10	+ 8	+ 7	+ ③	+ ③ 完成
TOEIC 650〜700位の学習者	15	+ 12	+ 8	+ ③	+ ③ 完成		

テキストを見ないリピーティングのみ

※これはあくまでも一例であり、サイクル数、反復回数はこの例に厳密に従う必要はありません。

並行リスニング

音読パッケージを始める前に、ポーズの無いノーマル音源CDで先行リスニングを行いましたが、このノーマル音源でのリスニングは、音読パッケージを行いながら、並行して続けて下さい。例えば、声を出す音読パッケージ・トレーニングを自宅で行うならば、通勤の列車の中や、ウォーキングしながら、並行リスニングと行うスタイルを取ると良いでしょう。音読パッケージを行った箇所は非常に良く理解できるので、1サイクル終えた後は、精度の高いリスニングが可能となります。

よく、テキストも持っていないで、音源をただリスニングするだけのトレーニングを行っている学習者がいますが、初級から中級の学習者には、テキストを読み解いた英文を、しっかりした理解を伴って繰り返すリスニングの方が、はるかに効果があります。

音読パッケージを行いながら、並行リスニングを続けていくと、同じ英文を聴くので、どんどん楽に理解することができるようになります。テキストを見ないリピーティングを完成の基準とする音読パッケージより、並行リスニングの方が先に完成してしまいます。こうなると新味の薄れた内容に脳が退屈して、受けつけなくなるので、そうなったら、次の音読パッケージのノーマル音源の先行リスニングを始めて下さい。このように素材Ａの先行リスニング→素材Ａの音読パッケージ＋素材Ａの並行リスニング→素材Ａの音読パッケージ＋素材Ｂの先行リスニングという風に進めていくと、極めて効率的なトレーニングの流れを作っていくことができます。また、初級から中級までは、特にリスニング素材を音読パッケージの素材とは別に求める必要がなくなります。

素材のおかわり

1つの教材で英語力が完成することはありません。音読パッケージも1つの素材が終わったら、次の素材に移り、それが終わればまた次の素材というように、おかわりをしていきます。

1つの素材を終え、次に移る際は、徐々に英文の難度、音声のスピードなどレベルを上げていきます。しかし、音読パッケージ・トレーニングをしっかりと行い、英語体質が出来上がっていくにつれ、たとえ素材のレベルが上がっても、むしろトレーニング負荷はどんどん軽くなっていきます。

一定レベルに達するまでは、1つの素材を何度も繰り返すサイクル回しをするので、リピーティング用のポーズ付き音源が欲しいものです。使用機材の一時停止機能でも代替できますが、サイクル回しを行う素材なら、ポーズ付き音源を使う方がはるかに快適で、トレーニング効率も上がります。

自分でいちいち一時停止ボタンを操作しながらレーニング行うと、聴き、リピーティングというトレーニングの流れのスムーズさが、ボタンの押し戻しという細かな動作に分断されるからです。ポーズ付き音源を使ってリピーティングを行うと、完全にトレーニングに集中できます。サイクル回しをして、一つの素材と比較的長く付き合うステージでは、是非ポーズ付き音源使うことをお勧めします。

本テキストにはポーズ付き音源が入ったCDがついていますので、リピーティングの際にはこれを使ってください。問題は本テキストでのトレーニングを完成した後です。ポーズ付き音源が付いた教材が極めて少ないからです。しかし、ポーズ付き音源は簡単に自分で作れますので、面倒くさがらず、作ることを強くお勧めします。一回作ってしまえば、その素材でのトレーニングが実に快適になります。

ダブルカセットデッキを使用した、ポーズ付き音源の作り方をイラストで説明しておきます。

❶ ダブルカセット・テープレコーダーに教材テープ、空テープをセット。

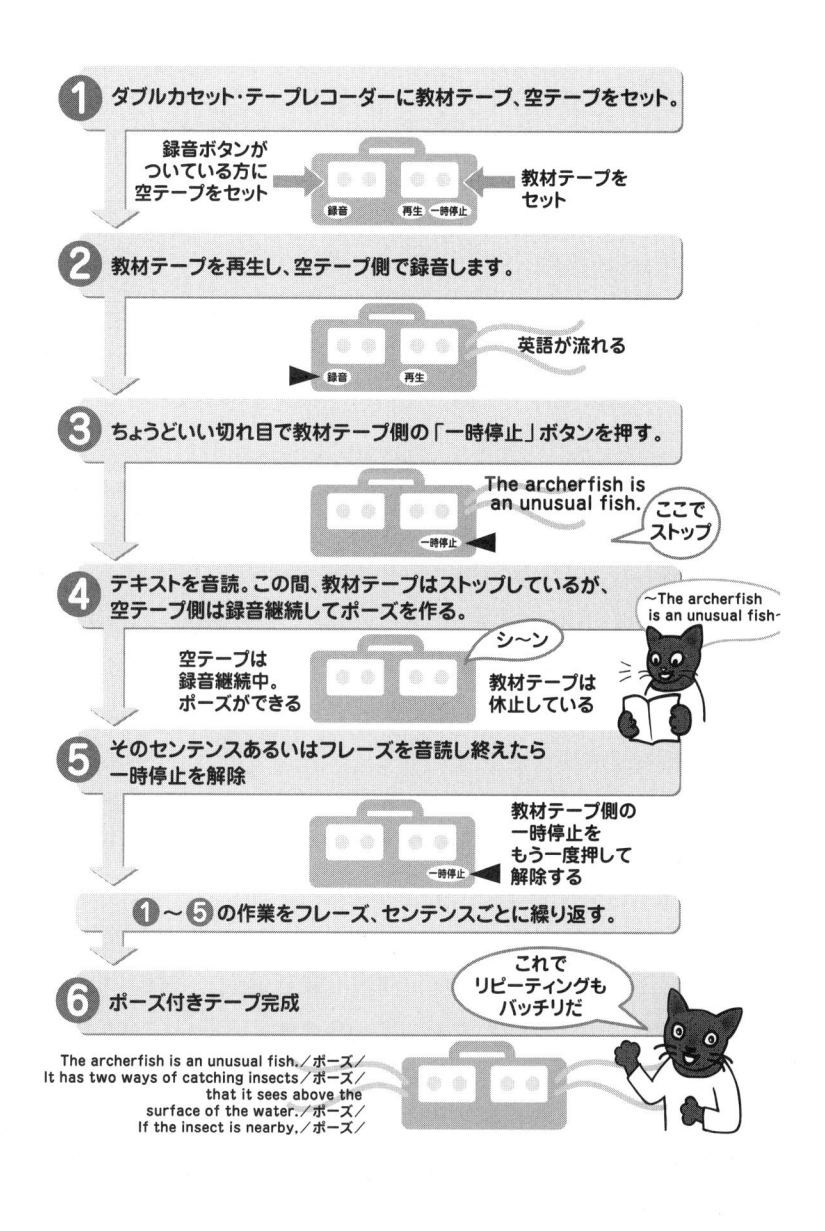

録音ボタンがついている方に空テープをセット　←→　教材テープをセット

❷ 教材テープを再生し、空テープ側で録音します。

英語が流れる

❸ ちょうどいい切れ目で教材テープ側の「一時停止」ボタンを押す。

The archerfish is an unusual fish.
ここでストップ

❹ テキストを音読。この間、教材テープはストップしているが、空テープ側は録音継続してポーズを作る。

空テープは録音継続中。ポーズができる
シ〜ン
教材テープは休止している
〜The archerfish is an unusual fish〜

❺ そのセンテンスあるいはフレーズを音読し終えたら一時停止を解除

教材テープ側の一時停止をもう一度押して解除する

❶〜❺の作業をフレーズ、センテンスごとに繰り返す。

❻ ポーズ付きテープ完成

これでリピーティングもバッチリだ

The archerfish is an unusual fish./ポーズ/
It has two ways of catching insects/ポーズ/
that it sees above the
surface of the water./ポーズ/
If the insect is nearby,/ポーズ/

レベル向上と音読パッケージトレーニングの変化

トレーニングはレベルによって異なるものです。初級レベルの時大きな効果を上げたからといって、上級レベルになっても同じトレーニングをしていたらそれ以上の向上は期待できないでしょう。レベルに応じてトレーニングの性質・形態を変えるべきです。音読パッケージも、英語力が向上するにつれて変化していきます。

初級から初中級のレベルの方には、あれもこれもと手を付けず、限られた数の教材を丁寧にサイクル回しで完成していくことをお勧めします。

しかし、上級になると、ひとつの素材に対するトレーニングは淡白になっていき、素材の量・多様性が重要になってきます。音読パッケージはテキストを見ないリピーティングが楽にできるようになることが仕上がりの基準ですが、力がついていくと、聴き解いて、テキストで確認した後は、テキストを見ないリピーティングができるようになるまでに必要なプロセス（テキストを見ながらのリピーティング・音読）がどんどん短くなっていきます。このように、1サイクルごとの反復回数も減りますし、テキスト全体完成に要するサイクル数を減っていきます。トレーニング初期に6〜7サイクル回転させていたのが、徐々に4〜5サイクルで完成、2〜3サイクルで完成というように変わっていきます。

英語力の向上するにつれて、1つの素材を音読パッケージで完成する労力・時間が軽減する一方で、リスニングの量・多様性を増す必要性が高まります。上級者がさらにそのリスニング力を向上させるためには、英語の音声を通じてのストックを増す必要があり、それには量と多様性が鍵になります。
初級・初中級レベルまでは、リスニングと音読パッケージの素材が一対一の対応をしていましたが、中級以降のレベルではその公式は崩れ、リスニング素材の量が増え、その一部を音読パッケージしていくということスタイルになるでしょう。

つまり、A、B、Cという素材をリスニングしたら、Aに対してのみ音読パッケージを行う。次にD、E、Fという素材をリスニングし、Dだけ音読パッケージを行うという具合です。

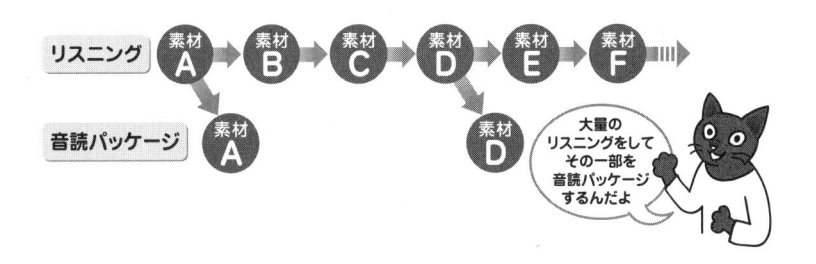

リスニング	素材A → 素材B → 素材C → 素材D → 素材E → 素材F
音読パッケージ	素材A　　　　　　　　　素材D

大量のリスニングをしてその一部を音読パッケージするんだよ

さらに力が伸びると、音読パッケージは最終的な形態となり、圧倒的な量のリスニングを行い、その中の好きなものをリピーティングしたり、シャドーイングしたりするだけとなります。ひとつの素材に対してサイクル回しをする必要もなくなります。このレベルに至ると一旦聴き解いてしまえば、どんな素材でもほぼ完璧にテキスト見ないリピーティングができてしまうからです。サイ

クルを回しは、気に入った素材に対し、やりたければやるという感じになります。また、必ずしもテキスト全体に対して音読パッケージを行う必要もありません。部分的につまみ食い的に行うだけでも構いません。つまり、音読パッケージはリスニングに内包されることになります。圧倒的な量と多様性を確保し、それを音読パッケージで追いかけていくという状態です。ただ、この鬼ごっこは決して追いつくことはありませんし、それを気にする必要もありません。私の教室では、TOEIC900を超すような方も、音読パッケージを行いますが、名称こそ同じですが、彼らが行っているのは、このような完全に基本形が解体されたスタイルのトレーニングです。

やがては、このスタイルに到達するのですが、初級から中級の学習者の方は、しばらくは、基本スタイルで英語体質を養ってください。

本テキストの構成・内容について

テキスト部分について

本テキストの英文は、日本英語検定協会実施の実用英語技能検定（英検）2級の、リスニング問題の放送英文から採っています。

文法・文型・語彙は高校初級レベルです。左ページに英文と語句説明を、右ページに日本語訳と、文法・構文等について簡単に説明したnoteを載せています。

CD

本テキストには2枚のCDがついています。

CD1には、90の全パッセージの通常読み上げ音声と、パッセージ1～9のリピーティング用ポーズ付き音声が収録されています。リスニングとシャドーイングに使用します。

CD2には、パッセージ10～90までのリピーティング用ポーズ付き音声が収録されています。

Passage 1

Murphy's Bakery in Richmond City is well known for its delicious cakes. Last year, the owner of the store retired, and people in the town were worried that it would close. Luckily, a woman bought the bakery and kept everything the same. She used the same staff members and kept the store's original name. The people of Richmond City were pleased that they had not lost their favorite bakery.

Passsge 1

> 訳：リッチモンド・シティーのマーフィーズ・ベーカリーは、ケーキが美味しいことで有名である。去年、店のオーナーが引退し、町の人々は、店が閉店してしまうのではないかと心配していた。幸い、ある女性がその店を買い、すべてをそのままに維持した。彼女は同じスタッフを使い、店の名前も元のままだった。リッチモンド・シティーの人々は、お気に入りの店を失わなかったことを喜んだ。

Notes

Luckily, a woman bought the bakery and kept everything the same.

  keep 何 / 誰 〜　何 / 誰を〜に保つ

  ex: She keeps her room tidy.

    彼女は部屋をきちんとしておきます。

    Please keep the window closed.

    窓は閉めておいて下さい。

Words

- retire ／ ritáiər ／［動］　引退する
- worried ／ wə́:rid ／［形］　心配している
- luckily ／ lʌ́kili ／［副］　幸運にも

Passage 2

Good afternoon, ladies and gentlemen. Thank you for coming to the 2007 Job Skills Fair. Our guest speaker, Laura Wood, will be giving her presentation at three o'clock. Don't miss this opportunity to learn how to write the perfect résumé! Those of you who wish to attend the presentation should go to Stage C. Thank you.

Passsge 2

> **訳:** 皆様、こんにちは。2007年職業技能フェアにお越しいただきありがとうございます。ゲスト・スピーカーのローラ・ウッドが3時にプレゼンテーションを行います。完璧な履歴書の書き方を学べるこの機会をどうぞ逃さないで下さい！ 皆様の中でプレゼンテーションに参加したい方はステージCにお越し下さい。(聞いて下さり) ありがとうございました。

Notes

Don't miss this opportunity to learn how to write the perfect résumé.

  opportunity to learn 〜を学ぶ機会ーto不定詞が直前の名詞を修飾する形容詞的用法のパターンです。

Words

- presentation / prèzəntéiʃən / [名] プレゼンテーション
- opportunity / ɑpərtjúːnəti / [名] 機会
- résumé / rézumèi / [名] 履歴書

Passage 3

Mr. and Mrs. Peterson have two teenage children. Recently, Mrs. Peterson and the children have been asking Mr. Peterson to buy a second car for the family. They say that whenever he takes the car to the golf course on weekends, it is difficult for them to go anywhere. Today, Mr. Peterson finally agreed to start looking for one.

Passsge 3

> **訳**：ピーターソン夫妻には、10代の子供が2人いる。最近、ピーターソン夫人と子供たちは、ピーターソン氏に家族のために2台目の車を買って欲しいと頼んでいる。彼らは、彼が週末にゴルフコースに車で行ってしまうたびに、どこに行くのも大変なのだと言う。きょう、ピーターソン氏はついに、車を探し始めることに同意した。

Notes

~ whenever he takes the car to the golf course on weekends, it is difficult for them to go anywhere.

    whenever は複合関係詞で、「~するときではいつでも」という意味を表します。

    ex: Whenever she goes shopping, she buys something expensive.

    彼女は、買い物に行くといつでも高価なものを買う。

Words

- recently ／ rí:sntli ／ [副] 最近
- agree to ~ ／ əgrí: ／ ~することに同意する

Passage 4

When Victoria started college, she rented her own apartment. At first, she found living away from home difficult. She didn't know how to cook, and she felt lonely sometimes. But Victoria gradually got used to living by herself. She learned to cook some simple meals and made some friends at college. Now, Victoria is enjoying life at college.

Passsge 4

> **訳**：ビクトリアが大学に行き始めた時、彼女はアパートを借りた。最初、彼女は実家から離れて暮らすのを困難に感じた。彼女は料理の仕方も知らず、時々寂しくもなった。しかし、ビクトリアは徐々に一人暮らしに慣れてきた。彼女は簡単な料理を覚え、大学で友だちが何人かできた。今、ビクトリアは大学生活を楽しんでいる。

Notes

At first, she found living away from home difficult.

> I found her very nice.(彼女はとても感じが良いと思った)のような、動詞 find を用いた SVOC の文型の文です。find の目的語は、living away from home(家族と離れて暮らすこと)です。

Words

- rent ／ rént ／ [動] 借りる
- gradually ／ grǽdʒuəli ／ [副] 徐々に
- get use to ~ ~になれる

Passage 5

The archerfish is an unusual fish. It has two ways of catching insects that it sees above the surface of the water. If the insect is nearby, the archerfish jumps up to catch it. If the insect is further away, the archerfish shoots a jet of water from its mouth. When the insect is hit by the water, it falls to the surface and is eaten by the archerfish.

Passsge 5

> **訳**：テッポウウオは風変わりな魚だ。水面より上に見える昆虫を2通りの方法で捕まえる。昆虫が近くにいる場合は、テッポウウオはそれを捕まえるために跳ね上がる。昆虫がもっと遠くにいる場合は、テッポウウオは口から水を噴射して撃つ。昆虫は水に打たれると、水面に落ち、テッポウウオに食べられてしまうのである。

Notes

It has two ways of catching insects that it sees above the surface of the water.

  way of ~ は、「~の方法」。「~する方法」と動詞を用いる場合は前置詞の後ですから、動名詞を用います。

ex: This is the only way of getting out.

  これが唯一の脱出方法だ。

Words

- archerfish ／ άːrtʃərfiʃ ／ [名] テッポウウオ
- unusual ／ ʌnjúːʒuəl ／ [形] 変わった
- insect ／ ínsekt ／ [名] 昆虫
- surface ／ sə́ːrfis ／ [名] 表面
- shoot ／ ʃúːt ／ [名] 発射する

Passage 6

The number of students studying science in Britain has decreased in the past 20 years. To change this, a British academic named Frances Cairncross has suggested that high school students who get high scores in math should receive a cash reward of 500 pounds. Ms. Caimcross argues that math skills are necessary to study science. She says that encouraging students to study math will increase the number of scientists in the future.

Passsge 6

> **訳**：イギリスで科学を学習する学生の数は、過去20年で減少した。これを変えるために、フランシス・ケアンクロスという名のイギリス人学者は、数学で高い点数を取った高校生に報奨金を500ポンド授けることを提案した。ケアンクロス氏は、科学を学習するためには、数学の技能が必要だと主張する。彼女は、学生に数学を勉強するよう奨励することは、将来科学者の数を増やすだろうと言っている。

Notes

The number of students studying science in Britain has decreased in the past 20 years.

  the number of~ は「~の数」です。a number of ~「いくつか(多くの)の、何人か(大勢)の~」と混同しやすいので注意しましょう。

  ex: A number of people came here.

   何人かの(大勢の)人がここに来た。

   The number of people who came here is not known.

   ここに来た人の数はわかっていない。

Words

- decrease / dikríːs / [動] 減る
- academic / æ̀kədémik / [名] 学者
- suggest / sədʒést / [動] 提案する
- reward / riwɔ́ːrd / [名] 報酬、ほうび
- argue / άːrgjuː / [動] 主張する
- skill / skíl / [名] 技能
- increase / inkríːs / [動] 増やす

Passage 7

Every summer, the computer company where Kenji works closes for a week, and Kenji goes on vacation with his old college friends. Two years ago, they went to Hawaii. But last summer, they couldn't afford to go abroad. Instead, they went to a small town on the coast of Hokkaido that one of Kenji's co-workers had recommended.

Passsge 7

> **訳:** 毎年夏、ケンジが働いているコンピュータの会社は1週間休業し、ケンジは古い大学時代の友人たちとバケーションに出かける。2年前、彼らはハワイに行った。しかし、去年の夏、彼らは海外に行く余裕がなかった。その代わりに、彼らはケンジの同僚の1人が薦めた北海道の海岸にある小さな町に行った。

Notes

Instead, they went to a small town on the coast of Hokkaido that one of Kenji's co-workers had recommended.

　　小さな町に行くことより、友人がその町を勧めることのほうが時間的に先立っていることを表すため、過去完了形が使われています。

Words

- can afford to ~ ／ əfɔ́:ɾd ／ ～する金銭的余裕がある
- instead ／ instéd ／ [副] 代りに
- recommend ／ rèkəménd ／ [動] 薦める

Passage 8

Oliver's wife, Sarah, is going to have a baby later this year. Oliver and Sarah both have full-time jobs now, but Oliver makes less money than Sarah. After the baby is born, Oliver will quit his job so that he can stay home and look after the baby during the day. He plans to work part time at a restaurant in the evenings.

Passsge 8

> **訳**：オリバーの妻のサラは今年の後半に出産をひかえている。現在、オリバーとサラは2人ともフルタイムの仕事をしているが、オリバーの収入はサラより少ない。赤ちゃんが生まれた後、オリバーは、家にいて、日中赤ちゃんの世話ができるように、仕事を辞めるだろう。彼は夜、パートタイムでレストランで働くつもりだ。

Notes

Oliver will quit his job so that he can stay home and look after the baby during the day.

「〜するように」という目的・意図を表す so that 〜の構文が使われています。

ex: He called his mother so that she wouldn't be worried.

母親が心配しないように、彼は（母親）に電話した。

Words

- quit one's job ／ kwít ／ 仕事を辞める
- work part time　パートタイムで働く

Passage 9

Thanks for listening to Portland Jazz Radio. I'm your DJ, Sophie Spinner. Portland Jazz Radio is the only station in the state that plays no commercials. Of course, we have to pay our bills, so we kindly ask you to continue donating money to help keep the station commercial-free. Please call us at 555-3456 or check our website for more information. Thank you for your support.

Passsge 9

> **訳：**ポートランド・ジャズ・ラジオをお聞き下さり、ありがとうございます。私は(あなたの)DJのソフィー・スピナーです。ポートランド・ジャズ・ラジオは州でたった一つのコマーシャルを流さないラジオ局です。もちろん、私たちも色々な費用を払わなければなりません。ですから、当局をコマーシャルの無いままに維持できますように、寄付をお続け下さるようお願いいたします。詳しくは、５５５－３４５６にお電話下さるか、ウェブサイトをご覧下さい。ご支援をありがとうございます。

Notes

Portland Jazz Radio is the only station in the state that plays no commercials.

> 先行詞が、only, first, every 等の語や最上級の形容詞などに修飾されるとき、関係代名詞は主として that を用います。
>
> ex: This is the best poem (that) he wrote.
>
> これは彼が書いた最もよい詩です。
>
> She was the only student that could solve the problem.
>
> 彼女は、その問題を解けたただ１人の生徒でした。

Words

- state ／ stéit ／ [名] 州
- continue ／ kəntínju: ／ [動] 続ける
- donate ／ dóuneit ／ [動] 寄付をする
- support ／ səpɔ́:rt ／ [名] 支援

Passage 10

Mr. North runs an electronics company and employs about 100 people. He is popular with his workers because he treats them well. If they get married or have children, they receive a bonus and some extra days off. Mr. North thinks that having happy employees is the key to a successful business.

Passsge 10

> **訳:** ノース氏はエレクトロニクス会社を経営し、約100人の人を雇っている。彼は、従業員に良い待遇をしているので、彼らにとても人気がある。従業員は結婚したり、子供ができたりすると、ボーナスと、特別休暇をもらう。ノース氏は、幸せな従業員を持つことが、ビジネスの成功の鍵だと考えている。

Notes

Mr. North thinks that having happy employees is the key to successful business.

    that 節は動名詞を主語とする文です。

    ex: Being a mother is sometimes hard.

        母親業(母親であること)は大変なこともある。

Words

- treat / trí:t / ［動］ 遇する
- receive / risí:v / ［動］ 受け取る
- bonus / bóunəs / ［名］ ボーナス
- extra / ékstrə / ［形］ 追加の
- successful / səksésfəl / ［形］ 成功した

Passage 11

Good morning, students. Today's lecture about the world's population will be in two parts. In the first part, I'll talk about how much the global population is likely to grow over the next 50 years. In the second part, I'll focus on the effects that this growth might have on the environment and the world economy.

Passsge 11

> **訳**：学生のみなさん、おはようございます。今日の講義は世界の人口についてで、2部から成ります。第1部では、今後50年間で、地球上の人口がどれだけ増える見込みかについて、お話しします。第2部では、この増加が地球環境や世界経済に与えるかもしれない影響に焦点を当てます。

Notes

~, I'll talk about how much the global population is likely to grow over the next 50 years.

　　間接疑問文の文型ですので、倒置がなくなり平叙文の語順です。I'll talk about の部分がなければ、how much is the global population likely to grow over the next 50 years? と倒置を伴う疑問文になります。

Words

- lecture ／ léktʃər ／［名］ 講義
- population ／ pápjuléiʃən ／［名］ 人口
- global ／ glóubəl ／［形］ 全世界的な
- be likely to ~ ／ láikli ／ ～しそうである
- focus on ~ ／ fóukəs ／ ～に焦点を当てる
- effect ／ ifékt ／［名］ 影響
- environment ／ inváiərənment ／［名］ 環境
- economy ／ ikánəmi ／［名］ 経済

Passage 12

Many ships sail in and out of Boston Harbor every day. The area around the harbor is also home to several kinds of whales. Unfortunately, each year some of the whales are hit by ships. In 2007, ships were told to take a new route, which is four miles north of the old one. It is hoped that this change will reduce the number of whales that are hurt.

Passsge 12

> **訳:** 毎日、多くの船がボストン港に出入りする。港の周りの地域には、何種類かのクジラの住処でもある。気の毒なことに、毎年クジラの何頭かが、船に衝突される。2007年に、船は新しい航路を取るように命じられたが、それは古い航路より、4マイル北にある。この変更で傷つけられるクジラの数が減ることが望まれる。

Notes

In 2007, ships were told to take a new route, which is four miles north of the old one.

  関係代名詞の継続用法。which は1語、文の一部、あるいは文全体を受けることができますが、ここでは、a new route を受けています。

Words

- whale / $h$wéil / ［名］ クジラ
- unfortunately / ʌnfɔ́ːrtʃənətli / ［副］ 残念ながら
- route / rúːt / ［名］ 航路、経路
- reduce / ridjúːs / ［動］ 減らす

Passage 13

Simon is a gardener, and two years ago he started a business to help people plan their gardens. The business grew quickly, and last year Simon decided to get someone to help him for a few hours each day. He hired a student who was studying at a local college. After that, Simon was able to spend more time with his customers.

Passsge 13

> **訳:**サイモンは庭師で、2年前に庭づくりをする人たちを手伝う新しいビジネスを始めた。ビジネスは急速に成長し、去年、サイモンは毎日何時間か彼を手伝ってくれる人を雇うことを決めた。彼は、地元の大学で勉強している学生を雇った。その後、サイモンはより多くの時間をお客さんと過ごすことができるようになった。

Notes

~he started a business to help people plan their gardens.

help は、「誰が~するのを手伝う」という意味で、原形不定詞の用法と SVO+to 不定詞の用法の両方を使うことができます。ここでは原形不定詞の用法を用いています。

Words

- gardener / gáːrdnər / [名] 庭師
- local / lóukəl / [形] 地元の
- customer / kʌ́stəmər / [名] 客

Passage 14

Rod Laver was the best tennis player in the world in the late 1960s. At that time, the prize money for tennis tournaments was not as high as it is today. However, Rod Laver was able to make a lot of money by advertising products. By 1971, he was the first tennis player to become a millionaire. He retired in 1979.

Passsge 14

> **訳:** ロッド・レーバーは1960年代後半、世界で最強のテニスプレーヤーだった。その頃、テニストーナメントの賞金は今日ほど高くはなかった。しかし、製品を広告することによって、ロッド・レーバーは、大金を稼ぐことができた。1971年までに、彼はテニスプレーヤーとして最初に百万長者になった。彼は1979年に引退した。

Notes

The prize money for tennis tournaments was not as high as it is today.

 as high as it is today で it is 省略して as high as today とすることもできます。

 ex: He is not as strong as you are.

  → He is not as strong as you.

 I could study more than I did yesterday.

 → I could study more than yesterday.

Words

- prize ／ práiz ／ ［名］ 賞
- advertise ／ ǽdvərtàiz ／ ［動］ 広告する、宣伝する
- product ／ prádʌkt ／ ［名］ 製品
- retire ／ ritáiər ／ ［動］ 引退する

Passage 15

Rachel studies business at college. Last year, Rachel's father suggested that she get some experience working at a company during her summer vacation. Rachel contacted a few companies and got a summer job at a marketing company in Chicago. She learned a lot and hopes to work there again this summer.

Passsge 15

> 訳：レイチェルは大学でビジネスを勉強している。去年、レイチェルの父親は、彼女が、夏休みの間会社で働く経験をすることを提案した。レイチェルはいくつかの会社に連絡をして、シカゴのマーケティングの会社で夏の間の仕事を得た。彼女は多くを学び、この夏再びそこで働きたいと望んでいる。

Notes

~, Rachel's father suggested that she get experience working at a company during her summer vacation.

要求、提案などを表す動詞の後のthat節で、動詞の原形が用いられる、仮定法現在の例です。

ex: His wife insisted that they buy the house.
彼の妻はその家を買うのだと言ってきかなかった。
She demanded that the man be punished.
彼女はその男が罰されることを要求した。

Words

- suggest ／ sədʒést ／ [動] 提案する
- experience ／ ikspíəriəns ／ [名] 経験
- contact ／ kántækt ／ [動] 接触する、連絡を取る

Passage 16

Richard and Sarah have just retired. Both of them have always loved gardening, and they are happy that they can now spend a lot of time on their favorite activity. They have also started a website that is full of useful advice about gardening. Richard and Sarah get many e-mails with questions from other gardeners, and they spend some time every evening replying to them.

Passsge 16

> **訳：**リチャードとサラは仕事を引退したばかりである。彼らは2人とも、ずっとガーデニングが大好きで、現在は自分たちのお気に入りの活動に多くの時間を費やせることを喜んでいる。彼らはまた、ガーデニングに関する有益なアドバイスでいっぱいのウェブサイトも始めた。リチャードとサラは他のガーデニング愛好家たちから質問付きの多くのEメールを受け取り、2人は、それらに返答するのに毎晩いくらかの時間を費やす。

Notes

~, and they are happy that they can now spend a lot of time on their favorite activities.

 be 動詞 ＋～ (＝感情などを表す形容詞) ＋ that …なのは～である

 ex: I'm sorry (that) I am late.

  遅れてすいません。

 She is delighted that her son has passed the exam.

  息子が試験に受かり彼女は喜んでいる。

Words

- retire ／ ritáiə*r* ／ [動] 引退する
- gardening ／ gáː*r*dniŋ ／ [名] ガーデニング
- favorite ／ féivərit ／ [形] お気に入りの
- activity ／ æktívəti ／ [名] 活動
- reply ／ riplái ／ [動] 回答する

Passage 17

Hello, ladies and gentlemen. I hope you're enjoying your evening at Mickey's Bar and Grill. I'd like to announce that we'll be setting up a big-screen TV in our lounge tomorrow. It'll be ready for the soccer game at eight o'clock, which is Scotland against Germany. Everyone is invited to come watch the game and enjoy some great food and drink.

Passsge 17

> 訳：皆様こんばんは。ミッキーズ・バー・アンド・グリルで夕べのひとときを楽しまれていると思います。明日当店では、ラウンジに大画面テレビを設置することをお知らせします。8時のスコットランド対ドイツのサッカーの試合までには準備が整っていると思います。皆様も是非試合を見にいらっしゃり、素晴らしい食事と飲み物をお楽しみ下さい。

Notes

Everyone is invited to come watch the game and enjoy some great food and drink.

  be invited to~ 「～するように誘われている」この文でcome と enjoy の両方にかかっています。

Words

- announce／ənáuns／［動］　発表する
- set up［動］　設置する
- Scotland／skɑ́tlənd／［名］　スコットランド
- invite／inváit／［動］　招待する

Passage 18

Alfred Wainwright lived in an area of northwestern England called the Lake District. He loved walking in the hills there, and in the 1950s, he started writing guidebooks about the area. He would write one page of a book every night. Wainwright preferred to hike alone. He rarely even let his wife go with him. Wainwright's books are still bestsellers among tourists who visit the Lake District.

Passsge 18

> **訳:** アルフレッド・ウェインライトは、湖水地方と呼ばれるイングランド北西部の地域に住んでいた。彼はそこの丘を歩くことを愛し、1950年代に、その地域に関するガイドブックを書き始めた。彼は毎晩本の1ページを書いた。ウェインライトは1人でハイキングをするのを好んだ。彼は妻でさえ、めったに自分と一緒に来させなかった。ウェインライトのガイドブックは、湖水地方を訪れる旅行者たちの間でいまだにベストセラーである。

Notes

He rarely even let his wife go with him.

> rarely は「めったに~ないと」いう意味を文全体に加えます。このように、文全体に否定的な意味合いを与える副詞には、他に seldom, hardly などがあります。
>
> ex: She seldom goes out.
>
> 彼女はめったに外出しない。
>
> The foreigner hardly understood Japanese.
>
> その外国人は日本語がほとんどわからなかった。

Words

- the Lake District ／ dístrikt ／ ［名］ 湖水地方
- prefer to ~ ／ prifə́:r ／ ~するのをより好む
- hike ／ háik ／ ［動］ ハイキングする

Passage 19

Good morning, Southfield College students. As many of you have heard, the city's bus drivers will go on strike tomorrow. Unfortunately, this means there will be no buses to or from college until the strike is over. We kindly ask students with cars to help their friends by ofering rides during this time. Thank you.

Passsge 19

> **訳**：サウスフィールド・カレッジの学生のみなさん、おはようございます。もうお聞きになった方も多いかと思いますが、明日、市のバスの運転手がストを行います。残念ながら、これはストが終わるまで、大学まで往復するバスがないということです。この間、車をお持ちの学生の皆さんには、お友だちを車に乗せてあげることで、助けてあげることをお願い致します。（ご清聴）ありがとうございました。

Notes

As many of you have heard, the city's bus drivers will go on a strike tomorrow.

　　ここでの as の意味は「～のように」ですが、接続詞の as はその他にも様々な意味を持ちます。

　ex: Her son came home just as she was leaving.
　　　彼女がちょうど出かけようとしていた時に、彼女の息子が帰って来た。（時）

　　　As he grew old, the man became stubborn.
　　　年を取るにつれて、その男性は頑固になった。

　　　As he was sick, he had to stay in bed.
　　　病気だったので彼は寝ていなければならなかった。

Words

- go on strike ／ stráik ／　ストライキを行う
- unfortunately ／ ʌnfɔ́ːrtʃənətli ／　[副]　残念ながら

Passage 20

A new course will be offered at Melville High School next year. The course is designed to help students learn about careers and gain some work experience. In the last week of the program, students will be able to spend time working at a local company. Many students have already asked to take part in the course.

Passsge 20

> 訳：メヴィル高校では、来年新しい講座が実施される。その講座は生徒が仕事について学び、いくらかの労働体験をするのを助けるように意図されている。プログラムの最終週には、生徒たちは地元の会社で働く時間を持てる。すでに多くの生徒がこの講座に参加することを申し出ている。

Notes

Many students have already asked to take part in the course.

  ask to ~　～させてほしいと頼む

  ex: The man asked to meet the president.

   その男性は社長との面会を求めた。

Words

● be designed to ~ ／ dizáind ／　～する目的で作られている
● take part in ~　～に参加する

Passage 21

Vicky is doing a project on the environment for science class. She once saw a TV program about the large amount of food that is wasted every day by stores and families. For her project, Vicky will write about why this happens. She'll interview the manager at a supermarket and talk to people in her neighborhood. She hopes that people will throw away less food in the future.

Passsge 21

> 訳：ビッキーは、科学の授業の環境に関するプロジェクトを行っている。彼女は一度、毎日店や家庭から大量の食べ物が廃棄されていることについてのテレビ番組を見た。プロジェクトで、ビッキーは、なぜこれが起こるのか書くつもりである。彼女は、スーパーマーケットの店長にインタビューしたり、近所の人たちと話したりするつもりである。彼女は、将来人々が無駄にする食べ物が少なくなることを望んでいる。

Notes

Vicky is doing a project on the environment for science class.

 基本動詞は広い意味を持ち、様々な使われ方をします。do もその典型です。

 ex: They did their best.
  彼らは全力を尽くした。
  This method will do more harm than good.
  個の方法は利益より害が多いだろう。
  He did economics at college.
  彼は大学で経済学を勉強した。

Words

- waste ／ wéist ／ ［動］ 無駄にする
- happen ／ hǽpən ／ ［動］ 起こる
- neighborhood ／ néibərhùd ／ ［名］ 近隣
- throw away ／ θróu ／ 捨てる

Passage 22

Tony is a sales representative for a small import company. In his free time, he likes to paint pictures of famous people. He does his paintings by looking at photographs of the people. Next weekend, he will hold a small exhibition of his artwork at a community center near his home. He'll put prices on each of the paintings and try to sell them.

Passsge 22

> 訳：トニーは小さな輸入会社の営業部員である。暇な時に、彼は有名な人達の絵を描くのが好きだ。彼はその人たちの写真を見て絵を描く。来週末、彼は家の近くのコミュニティセンターで自分の作品の小さな展示会を開く。彼は絵の一つ一つに値段をつけ、売ろうと考えている。

Notes

He will put prices on each of the paintings and try to sell them.

　　助動詞 will は put と try の両方にかかっています。

Words
- representative ／ rèprizéntətiv ／ [名] 代表者
- exhibition ／ éksəbiʃən ／ [名] 展示会
- artwork ／ ɑ́ːrtwə́ːrk ／ [名] 芸術作品

Passage 23

Tenerife is a hot and sunny island near the northwest coast of Africa. Tourists from European countries started visiting Tenerife in large numbers in the 1960s. The island now has many hotels and entertainment facilities, but the Tenerife government wanted to improve the quality of services available for tourists. In 2001, it passed a law that stopped cheap hotels from being built. Now, only five-star hotels are allowed.

Passsge 23

> 訳：テネリフェはアフリカの北西海岸近くにある、暑くて太陽光がさんさんと降る島である。1960年代に、ヨーロッパからの観光客が大勢テネリフェを訪れ始めた。今、島にはたくさんのホテルや娯楽施設があるが、テネリフェ政府は観光客が利用できるサービスの質を向上することを望んでいる。2001年には、政府は安いホテルが建築されるのを防ぐ法律を通過させ、今では、5つ星のホテルだけが許可されている。

Notes

In 2001, it passed a law that stopped cheap hotels from being built.

  stop [誰/何] from ~ing「[誰/何] に~させない。」この用
   法を持つ動詞には他に prevent, keep, prohibit 等があり
   ます。

  ex: The heavy rain prevented them from setting out.
   豪雨のため彼らは出発できなかった。
   Nobody could keep them from going there.
   誰も彼らがそこに行くのをやめさせられなかった。
   You are prohibited from smoking here.
   ここでは喫煙できません。

Words

- Tenerife ／ tɛnərí:fe ／ [名] テネリフェ島
- entertainment ／ èntərtéinmənt ／ [名] 娯楽
- facility ／ fəsíləti ／ [名] 施設
- improve ／ imprú:v ／ [動] 改善する
- available ／ əvéiləbl ／ [形] 利用できる
- allow ／ əláu ／ [動] 許す

Passage 24

Hello, listeners. You just heard "A Song for You" by the Newcomers. Thanks to Pauline Mathers for requesting it. Please keep sending in your song requests. After the next song, we'll go to our weather center for the latest forecast. Also, don't forget that we'll be broadcasting tonight's baseball game at 7 p.m.

訳: リスナーのみなさん、こんにちは。ニューカマーの「ア・ソング・フォー・ユー」をお聞きいただきました。ポーリーヌ・マザースさんには、リクエストいただきましてありがとうございました。これからもどんどんリクエストをお送り下さい。次の歌の後、お天気センターから最新の予報をお知らせします。また、今晩7時に野球中継もありますので、どうぞお忘れなく。

Notes

Please keep sending in your song requests.

  Keep ＋ ~ing　～し続ける

  ex: He kept studying till midnight.

   彼は真夜中まで勉強し続けた。

Words

- request ／ rikwést ／ ［動］　リクエストする
- weather ／ wéðər ／ ［名］　天気
- forecast ／ fɔ́:rkæ̀st ／ ［名］　予報
- broadcast ／ brɔ́:dkæ̀st ／ ［動］　放送する

Passage 25

Steve is in his second year at college and has recently started a newsletter for other students. He writes about events like concerts and festivals. He also asks his friends for advice that they want to pass on to new students, and he includes it in the newsletter. Steve prints the newsletter every month and hands it out on campus for free.

Passsge 25

> 訳：スティーブは大学2年生で、最近他の学生たちのためにニュースレターを始めた。彼はコンサートや祭典のような催しについて書く。彼は、新入生に伝えたいアドバイスを書いて欲しいと友人たちに求め、それをニュースレターに載せる。スティーブは毎月ニュースレターを発行し、キャンパスで無料で配る。

Notes

He also asks his friends for advice that they want to pass on to new students ~

> 先行詞 advice が関係代名詞節内の pass の目的語です。
> 「彼らはアドバイスを新入生たちに伝えたい」という文に展開すれば They want to pass advice on to new students. となります。

Words

- recently ／ ríːsntli ／ [副] 最近
- festival ／ féstəvəl ／ [名] 祭り
- pass ~on to... ／ pǽs ／ ~を…に伝える
- include ／ inklúːd ／ [動] 含む
- hand out ／ hǽnd ／ 配る
- for free ／ fríː ／ 無料で

Passage 26

Martin often travels abroad on business. Last year, when he was flying to Singapore, his suitcase was sent to another city by mistake. Since his business clothes were in his suitcase, he had nothing suitable to wear to meet his client. Now, Martin always puts a suit into the bag that he carries onto the plane so that he won't have the same problem again.

Passsge 26

> 訳：マーティンはしばしば海外出張をする。去年、シンガポールに飛行機で行った時、彼のスーツケースは手違いで別の都市に送られてしまった。彼のビジネス用の服はスーツケースの中に入れておいたので、彼はクライアントに会うために着るのにふさわしいものが何もなかった。今では、マーティンは、二度と同じことのないように、いつも飛行機に持ち込むかばんの中に必ずスーツを1着入れる。

Notes

Martin always put a suit into the bag that he carries on to the plane so that he won't have the same problem again.

　　　so that … 「は…するように」と目的を表します。

　　　ex: He talked loudly so that everyone could hear him.

　　　　　皆に聞こえるように彼は大きな声で話した。

Words

- by mistake ／ mistéik ／　間違って
- suitable ／ súːtəbl ／［形］　適切な

Passage 27

The Netherlands has fewer traffic accidents than many other countries. Several methods are used in the Netherlands to reduce the number of traffic accidents. For example, speed limits are low, and the police use video cameras to catch people who are driving too fast. Also, there are various programs to teach children about road safety.

Passsge 27

> 訳：オランダは他の多くの国より交通事故が少ない。交通事故の数を減らすために、オランダではいくつかの方法が使われている。例えば、制限速度は低く、警察は、運転速度が速すぎる人を捕まえるために、ビデオカメラを使用する。また、子供たち向けに交通安全について教えるさまざまなプログラムがある。

Notes

The Netherlands has fewer traffic accidents than many other countries.

  fewer ~　（数が）より少ない〜

  less ~　　(量が)より少ない〜

  ex: I have fewer books than you.

    僕は君ほど本を持っていない。

    He eats less meat than you.

    彼は君ほど肉を食べない。

Words

- the Netherlands ／ néðərləndz ／［名］　オランダ
- method ／ méθəd ／［名］　方法
- reduce ／ ridjúːs ／［動］　減らす
- various ／ vɛ́əriəs ／［形］　様々な
- safety ／ séifti ／［名］　安全

Passage 28

Naoki is studying English at a language school in Melbourne. He likes English, but now he wants to learn another skill, too. Since Naoki has always been interested in motorcycles, he signed up for an evening class in motorcycle maintenance at the local community center. Naoki hopes to buy a motorcycle one day, and he wants to be able to take care of it. His first class is next week.

Passsge 28

> 訳：ナオキはメルボルンの語学学校で英語を勉強している。彼は英語が好きだが、今は他の技能も習得したいと思っている。ナオキはずっとオートバイに興味があったので、地域のコミュニティセンターのオートバイのメンテナンスの夜間講座に申し込んだ。ナオキはいつかオートバイを買いたいと思っており、自分で手入れができるようになりたいと思っている。最初のクラスは来週である。

Notes

His first class is next week.

  next week「来週」は未来ですが、スケジュールとして確定していることなので、現在形が使われています。

Words

- Melbourne ／ mélbərn ／ ［名］ メルボルン
- skill ／ skíl ／ ［名］ 技能
- sign up for ~ ／ sáin ／ 〜に申し込む
- maintenance ／ méintənəns ／ ［名］ 整備

Passage 29

In the first half of the 20th century, most American families hung their clothes outside to dry. But from the 1950s, many families switched to electric clothes dryers because they were more convenient. However, because these machines use a lot of electricity, people are now worried about their effect on the environment. As a result, more people are hanging their clothes outside again.

Passsge 29

> **訳**：20世紀の前半、アメリカのほとんどの家庭では、衣服を外につるして乾かした。しかし、1950年代から多くの家庭で、より便利な電気乾燥機に切り替えた。しかしながら、これらの機械は電気を大量に使うので、人々は今の環境への影響を心配している。その結果、より多くの人が再び衣服を外につるしている。

Notes

~, people are now worried about their effect.
 be worried about~　～について心配する
 be worried about that …　だと「…ではないかと心配する」
  になります
 ex: She is worried that her son may get lost.
  彼女は息子が迷子になるのではないかと心配した。

Words

- switch to ~ ／swítʃ／　～に切り替える
- electric ／iléktrik／　[形]　電気の
- convenient ／kənvíːnjənt／　[形]　便利な
- as a result ／rizʌ́lt／　その結果

Passage 30

Suzanne works as a waitress, but her dream is to open her own restaurant. Last week, she went to a bank to borrow money for the business. However, the manager said that the bank would only lend her half of the amount that she needs. Suzanne plans to save up enough money for the other half and then go back to the bank.

Passsge 30

> 訳：スザンヌはウェイトレスとして働いているが、彼女の夢は自分自身のレストランを開くことである。先週、彼女はビジネスのための資金を借りに銀行に行った。しかしながら、店長は、銀行は彼女に彼女が必要とする額の半分しか貸さないと言った。スザンヌはもう半分の資金を貯め、また銀行に行く計画である。

Notes

However, the manager said that the bank would only lend half of the amount that she needs.

　　時制の一致で、that 節の will が would になっています。

Words
- lend ／ lénd ／ ［動］　貸す
- save up ／ séiv ／　貯める

Passage 31

Russell always walks home from his office. On the way, he sometimes stops at a café near his apartment. Last Tuesday, Russell's elderly neighbor was standing near the café with some heavy bags. She had been shopping and looked very tired. Instead of going into the café, Russell offered to carry her bags home for her. The woman was very happy, and Russell was glad he could help.

Passsge 31

> 訳：ラッセルはいつも事務所から歩いて帰宅する。その途中で、彼は時々自分のアパートの近くのカフェに立ち寄る。先週の火曜日、ラッセルの近所の年配の人が、そのカフェの近くで重い袋をいくつか抱えて立っていた。彼女は、買い物をしてきて、とても疲れているようだった。カフェに行く代わりに、ラッセルは、彼女のために袋を家まで運ぶことを申し出た。女性はとても喜び、ラッセルは彼女を手伝えたことで嬉しかった。

Notes

She had been shopping and looked very tired.

> ラッセルが会うまで、老婦人は買い物をしていたので、過去の一時点を基準として、それまでに何かが継続していたことを表す過去完了進行形が用いられています。「疲れているようだ」には過去形が使われています。

Words

● neighbor ／ néibər ／ ［名］　隣り
● instead of ~ ／ instéd ／　～の代りに
● offer to ~ ／ ɔ́:fər ／　～すると申し出る

Passage 32

The first American newspaper was published by two men in Boston in 1690. However, because the men had not received permission from the government, it was published only once. The government ordered the two men to stop making the newspaper, and almost all of the copies were destroyed. The next newspaper to appear in America was printed in 1704.

Passsge 32

> 訳：アメリカで最初の新聞は、1690年にボストンで2人の男性により発行された。しかしながら、彼らは政府から許可を受けていなかったので、それはたった1回発行されただけだった。政府はその2人の男性に新聞を制作するのをやめるよう命じ、発行されたもののほぼすべてが廃棄された。次にアメリカに現れた新聞は、1704年に発行されたものである。

Notes

The next newspaper to appear in America was printed in 1704.

> to不定詞の形容詞的用法 to appearが、直前の名詞 newspaperを修飾しています。
> この用法では、
> He bought a book to read on the train.
> (彼は電車で読む本を買った)
> のように、修飾される名詞が to不定詞の動詞の目的語になる例が多いですが、本例では、newspaperは動詞 appearの意味上の主語です。

Words

- publish ／ pʌ́bliʃ ／ [動] 刊行する
- receive ／ risíːv ／ [動] 受ける
- permission ／ pərmíʃən ／ [名] 許可
- government ／ gʌ́vərnmənt ／ [名] 政府
- order ~to ... ／ ɔ́ːrdər ／ ～に…するよう命じる
- destroy ／ distrɔ́i ／ [名] 破棄する
- appear ／ əpíər ／ [動] 現れる

Passage 33

Victor went to watch a movie with his friends yesterday. After he got home, he couldn't find his wallet. He was worried because his credit card and his driver's license were in it. Victor called the movie theater, but they didn't have his wallet. Then he called the credit-card company to tell them what had happened. Victor hopes that he will find the wallet soon.

Passsge 33

> **訳：**ビクターは昨日友だちと映画を観に行った。帰宅した後、彼は財布を見つけられなかった。クレジットカードと運転免許証がその中に入っていたので、彼は心配だった。ビクターは映画館に電話をしたが、彼の財布はなかった。それから彼はクレジットカードの会社に電話して、起こったことを話した。ビクターはすぐに財布が見つかることを望んでいる。

Notes

Then he called the credit card company to tell them what had happened.

> 間接疑問文では疑問文の倒置が起こらず、平叙文の語順になりますが、本例の疑問文はもともと倒置が無く、間接疑問文でも語順はそのままです。
>
> 倒置のある疑問文　Where does he live?
> 　→間接疑問文 Do you know where he lives?
> 倒置の無い疑問文　Who came here?
> 　→間接疑問文　Do you know who came here?

Words

●- worried ／ wə́:rid ／ ［形］　心配している
●- happen ／ hǽpən ／ ［動］　起こる

Passage 34

Simon and his wife Pam bought a house two years ago. Unfortunately, they soon found that it had a problem. All of the electrical wires in the house had to be replaced because they were old and dangerous. This repair work cost a lot of money. Now, Simon and Pam save a little money each month in case they find another problem.

Passsge 34

> 訳:サイモンと彼の妻のパムは2年前に家を購入した。残念なことに、彼らはまもなく家に問題があることがわかった。家の電気配線のすべてが古くて危険なので、取り換えなければならなかったのだ。この修繕には大金がかかった。現在、サイモンとパムは、別の問題を見つけた時に備え、毎月少しずつ貯金している。

Notes

Now Simon and Pam save a little money every month in case they find another problem.

　　in case ＋文 「～するといけないから、～である場合に備えて」
　　in case が従属節を導く接続詞の役割を果たしています。

Words
- unfortunately／ʌ̀nfɔ́ːrtʃənətli／［副］　不幸にも
- electrical／iléktrikəl／［形］　電気の
- replace／ripléis／［動］　交換する
- dangerous／déindʒərəs／［形］　危険な
- repair／ripɛ́ər／［名］　修理

Passage 35

Good morning, customers. Welcome to Furniture Land. Today is the last day of our going-out-of-business sale. That's right—it's our last day of business. All remaining items must be sold today. That's why you'll find most items going for at least 50 percent off! Please enjoy your shopping, and thank you for your support over the last 10 years.

Passsge 35

> **訳:**おはようございます、お客様。ファーニチャーランドにようこそ。今日は閉店セールの最終日です。その通り、当店の最後の営業日です。残っている品物のすべてを、きょう中に売りつくさなければならないのです。そういうわけで、ほとんどの品物が最低でも50パーセント引きになっています。どうぞお買い物をお楽しみ下さい。10年間のご愛顧、ありがとうございました。

Notes

That's why you'll find most items going for at least 50 percent off!

  This (That) is why ~ 「こういう（そういう）わけで~」
  why は関係副詞です。

 ex: This is why he has to work so hard.
  こういうわけで彼はあんなに懸命に働かなくてはならないのです。

Words

- customer ／ kʌ́stəmər ／ [名] 客
- furniture ／ fə́:rnitʃər ／ [名] 家具
- item ／ áitəm ／ [名] 品物
- support ／ səpɔ́:rt ／ [動] 支える、支持する

Passage 36

The country of Bangladesh gets a lot of rain every summer. In 1998, heavy rains caused serious flooding in the capital city of Dhaka. Afterward, the government found that plastic bags had made the flooding worse. Bags that had been thrown away in the street did not let the water flow away. Because of this, the government told people in Dhaka that they could not use plastic bags.

Passsge 36

> **訳**：バングラデシュには、毎年夏に大量の雨が降ります。1998年に、首都ダッカで大雨が降り深刻な洪水を引き起こした。後になって、政府はビニール袋が洪水をさらにひどくさせたことを発見した。街路に捨てられた袋が、水が流れ去ることを妨げたのだ。このため、政府はダッカの住民に、ビニール袋を使用できないということを告げた。

Notes

Afterwards, the government found that plastic bags had made the flooding worse.

> that 以下の事実が起きるほうが、それを突き止めるより時間的に先立ちますので、過去形の found に対して、過去完了形の had made になっています。

Words

- Bangladesh ／ bɑ̀:ŋgɫədéʃ ／ ［名］ バングラデシュ
- cause ／ kɔ́:z ／ ［動］ 引き起こす
- flooding ／ flʌ́diŋ ／ ［名］ 洪水
- capital ／ kǽpətl ／ ［名］ 首都
- Dhaka ／ dɑ́:kə ／ ［名］ ダッカ
- flow ／ flóu ／ ［動］ 流れる

Passage 37

Michelle works at a manufacturing company. The company often does things to improve the lives of people in the local community. This year, it built a park on some land it owns. The new park is near a river, and it has a grass sports field. The park also has two tennis courts and a place for barbecues.

Passsge 37

> 訳：ミッシェルは製造会社で働いている。その会社は地域住民の暮らしをより良くするための事業を、しばしば行っている。今年、会社が所有する土地に公園を造った。新しい公園は川の近くにあり、芝生の運動場がある。公園にはまたテニスコート2面と、バーベキュー用の場所もある。

Notes

This year, it built a park on some land it owns.
  some land の後の目的格の関係代名詞 which あるいは that が省略されています

Words

- manufacture ／ mæ̀njufǽktʃər ／ [動] 製造する
- improve ／ imprúːv ／ [動] 改善する
- land ／ lǽnd ／ [名] 土地

Passage 38

Jesse Owens was a famous American track athlete. Perhaps his greatest achievement was in 1935 at an athletic event in Michigan. There he broke three world records for running and jumping in one day. At the 1936 Olympic Games, he won four gold medals. Owens is still remembered by many people as one of the greatest athletes of all time.

Passsge 38

> **訳:** ジェシー・オーエンスは有名なアメリカ人のトラック競技選手だった。おそらく、彼のもっとも偉大な業績は、1935年のミシガン州での競技会でのものだろう。そこで、彼は競走と跳躍で1日に3つの世界記録を破ったのである。1936年のオリンピックで、彼は4つの金メダルを獲得した。オーエンスは史上最も偉大な運動選手の1人として、今も多くの人々に記憶されている。

Notes

Owen is still remembered by many people as one of the greatest athletes of all time.

  ここでの as は「～として」の意味の前置詞です。

  ex: She is famous as a pianist.

    彼女はピアニストとしては有名です。

Words

- athlete ／ǽθli:t／ [名] 運動選手
- achievement ／ətʃí:vmənt／ [名] 業績
- athletic ／æθlétik／ [形] 運動の
- Michigan ／míʃigən／ [名] ミシガン

Passage 39

Good morning, students. In today's lecture, I was planning to talk about wind power. However, after last week's lecture on global warming, a lot of students came to me with questions. So I think it will be helpful for everyone if I give you some more infomation on the same topic. The lecture on wind power will be next week instead.

Passsge 39

> **訳**：学生の皆さん、おはようございます。今日の講義では、風力について話すつもりでした。しかしながら、先週の地球温暖化についての講義の後、多くの学生が質問を携えて私のところに来ました。ですから、同じ話題についてもう少し詳しく情報をさしあげると、どなたにとっても有益だろうと私は考えます。風力についての講義は、代りに来週いたします。

Notes

The lecture on wind power will be next weekend instead.

    the lecture on wind 「風力についての講義」 前置詞はそれぞれが多くの意味や用法を持っています。on には「～についての」という意味もあります。

    ex: a book on Japanese history
        日本史の本

Words

- global ／ glóubəl ／ ［形］ 全世界の、地球規模の
- helpful ／ hélpfəl ／ ［形］ 役に立つ
- instead ／ instéd ／ ［副］ 代りに

Passage 40

Last year, Robert retired from his job as a high school history teacher. His plans after retiring were to play golf and travel abroad. However, an old friend asked him to help her write a history textbook. Robert thought that it sounded interesting, so he agreed. Now, he is not spending his time as he had first planned, but he is enjoying the new project very much.

Passsge 40

> **訳:** ロバートは去年高校の歴史の教師の職を引退した。彼の引退後の計画は、ゴルフをして、海外旅行をすることであった。しかしながら、彼の旧友の1人が歴史の教科書を書くのを手伝ってくれるよう彼に頼んできた。ロバートは、それはおもしろそうだと思い、それでそれを引き受けた。現在彼は最初に計画したようには自分の時間を過ごしてはいないが、新しいプロジェクトをとても楽しんでいる。

Notes

However, an old friend asked him to help her write a history textbook.

> 「誰が何をするのを手伝う」help+目的語＋原形不定詞 のパターン。help には help＋目的語＋to 不定詞 の用法もあります。
>
> ex: He helped his brother (to) do his homework.
> 　　彼は弟が宿題をするのを手伝った。

Words

- retire ／ ritáiər ／ [動] 引退する
- sound ／ sáund ／ [動] に聞こえる
- agree ／ əgríː ／ [動] 同意する

Passage 41

Megumi attends a college in Kyoto. Every year, about 30 foreign exchange students come to study at Megumi's college. Each exchange student is put together with a Japanese student, who is called a "buddy." Buddies assist exchange students with things like signing up for courses and joining college clubs. Megumi is interested in different cultures, so she has decided to be a buddy next year.

Passsge 41

> 訳：メグミは京都の大学に通っている。毎年、メグミの大学には 30 人位の外国人の交換留学生が勉強するためにやって来る。留学生のめいめいが、「バディ」と呼ばれる日本人学生と一緒にされる。バディは留学生が講座の申し込みをしたりクラブへ入会したりするのを助ける。メグミは異文化に興味があるので、来年バディになることを決めた。

Notes

Each exchange student is put together with a Japanese student, who is called a "buddy."

> 関係代名詞の非制限(継続)用法。先行詞を修飾限定する制限用法に対し、非制限用法では、先行詞に対して補足的な説明を加えます。関係副詞でもこの用法があります。
>
> ex: Mr. Brown, who has lived in Japan for ten years, speaks perfect Japanese.
> ブラウン氏は、日本に 10 年住んでいるのですが、完璧な日本語を話します。
>
> I went to Shinjuku yesterday, where I ran to my neighbor.
> 昨日新宿に行ったですが、そこで近所の人にばったり会いました。

Words

- attend ／ əténd ／ [動] 出席する、通う
- exchange student ／ ikstʃéindʒ stjúːdnt ／ [名] 交換学生
- put together ／ təgéðər ／ 一緒にする
- buddy ／ bʌ́di ／ [名] 仲間
- culture ／ kʌ́ltʃər ／ [名] 文化

Passage 42

Attention, passengers. Please be aware that this bus will not be following its normal route today. Because of the St. Patrick's Day Parade downtown, we will not be going down Main Street. Instead, we will cross the Trent Bridge and then go down 2nd Street. Thank you for your understanding.

Passsge 42

> **訳:** 乗客の皆さま、お知らせいたします。本日このバスは通常のルートを通りません。繁華街でセント・パトリックデーのパレードのため、メインストリートを通りません。代わりに、トレント橋を通り、それからセカンドストリートを行きます。ご理解いただきありがとうございます。

Notes

Please be aware that this bus will not be following its normal route today.

 aware「気付いている、知っている」は of を伴って、名詞を目的語に取る他、本例のように that 節を目的語に取ることができます。

 ex: Are they aware of the danger?
  彼らは危険について気付いているのか？
  Are they aware that this job is dangerous?
  彼らはこの仕事が危険であることを知っているのか？

Words

- aware ／ əwéər ／ ［形］ 知っている
- follow ／ fálou ／ ［動］ たどる、従う
- normal ／ nɔ́ːrməl ／ ［形］ 通常の
- route ／ rúːt ／ ［名］ ルート、経路

Passage 43

The moose is a large animal that belongs to the deer family. Moose live mainly in North America. In 1910, some Canadian moose were introduced into New Zealand. Until recently, people thought that the moose had died out. But in 2002, a scientist discovered some moose hairs in a forest. Because of this evidence, some people now believe that moose are still living in New Zealand.

Passsge 43

> **訳:** ムースはシカ科に属する大型動物である。ムースは主に北米に生息する。1910年に、カナダムースがニュージーランドに何頭か持ち込まれた。最近まで、人々はそのムースは絶滅したと思っていた。しかし、2002年に、1人の科学者が森の中でムースの毛を発見した。この証拠があるため、ムースがニュージーランドでいまだに生きていると信じている人たちがいる。

Notes

Until recently, people thought that the moose had died out.

　　　think と die out の時間的な前後関係を示すため、that 節内で過去完了が使われています。

Words

- moose ／ mú:s ／ [名] (北米産の)ヘラジカ、オオシカ
- belong to ~ ／ biló:ŋ ／ ~に属する
- deer ／ díər ／ [名] 鹿
- introduce ／ intrədjú:s ／ [動] 導入する
- New Zealand ／ njù:zí:lənd ／ [名] ニュージーランド
- recently ／ rí:sntli ／ [副] 最近
- die out ／ dái ／ 絶滅する
- evidence ／ évədəns ／ [名] 証拠

Passage 44

Mr. and Mrs. White and their daughter Tracy each have a cell phone, but their phones are all from different companies. Next weekend, Tracy and Mr. White will cancel their phone contracts and buy new phones from the company that Mrs. White uses. Tracy is looking forward to getting the latest model, and Mr. White is happy because they will get a special family discount.

Passsge 44

> **訳:** ホワイト夫妻と娘のトレーシーは、一人ひとり携帯電話を持っているが、彼らの電話は異なる会社のものである。来週末、トレーシーとホワイト氏は、電話を解約し、新しい電話をホワイト夫人が使っている会社から購入する。トレーシーは最新のモデルを手に入れるのを楽しみにしていて、ホワイト氏は、特別の家族割引を受けることを喜んでいる。

Notes

Tracy is looking forward to getting the latest model.

  look forward to ~ の to は動詞の不定型を導く to ではありませんので、動詞を目的語とする場合には動名詞になります。

  ex: (誤) She is looking forward to go to France.

   (正) She is looking forward to going to France.

Words

- cell phone / sél fòun / [名] 携帯電話
- cancel / kǽnsəl / [動] 取り消す、破棄する
- contract / kάntrækt / [名] 契約
- look forward to ~ / fɔ́:rwərd / ~を楽しみにする
- discount / dískaunt / [名] ディスカウント、割引

Passage 45

Satoshi has recently started a new job at a company in Osaka that exports motorcycles. He often has to speak English with overseas clients, but his English isn't very good. Yesterday, Satoshi asked his boss if the company would pay for English lessons for him. His boss said the company could not pay the whole cost, but that it would cover half.

Passsge 45

> 訳：サトシは最近、大阪のオートバイを輸出する会社で新しい仕事を始めた。彼はしばしば海外の顧客と英語で話さなければならないが、彼の英語はあまりうまくない。昨日サトシは上司に、会社が彼の英語のレッスン料を払ってくれるかと尋ねた。上司は、会社は全額は払えないが、半額を支払うと言った。

Notes

Yesterday, Satoshi asked if the company would pay for English lessons for him.

> ここでの if は「もし〜なら」という意味ではなく、「〜であるかどうか」という意味で、以下の文は副詞節ではなく名詞節です。「〜なら」という条件を表す副詞節では使わない未来の will が名詞節では使われます。

ex: I will call you if he comes.

> 「彼が来たら電話しますよ」If〜 は副詞節

I don't know if he will come.

> 「彼が来るかどうかわかりません」If〜 は名詞節

Words

- export / ikspɔ́:rt / [動] 輸出する
- overseas / òuvərsí:z / [形] 海外の
- client / kláiənt / [名] クライアント、顧客
- whole / hóul / [形] すべての
- cost / kɔ́:st / [名] 費用

Passage 46

Miranda went jogging around a lake near her college yesterday morning. While she was running, she saw some students in sailboats on the lake. They were members of the college sailing club, and they were having their morning practice. It looked like fun, and Miranda decided that she wanted to join the club, too. She is going to call the coach today to get some information about it.

Passsge 46

> 訳：ミランダは昨日の朝、彼女の大学のそばの湖の周りをジョギングしに行った。走っている間、彼女は湖上でヨットに乗っている何人かの学生を見た。彼らは大学のヨット部のメンバーで、朝の練習をしている最中だった。楽しそうだったので、ミランダは自分もヨット部に入りたいと心に決めた。彼女はそれについて情報を得るため、きょうコーチに電話をするつもりである。

Notes

~, and Miranda decided that she wanted to join the club.

 decide that …と決定する

  ex: She decided that she would leave Japan.

   彼女は日本を発つことを決めた。

Words

- go jogging ／ dʒάgiŋ ／ ジョギングに行く
- sailboat ／ séilbòut ／ ［名］ ヨットを含む帆船

Passage 47

Thank you for coming to Marksdale Town Hall. We're having this meeting to discuss garbage collection in Marksdale. As you know, a new garbage-collection system was introduced last September. Many of you have said that the system hasn't been working well. We have some town officials here today, so please feel free to voice your opinions and ask them any questions you have.

Passsge 47

> **訳:**マークスデール町役場にいらしていただきありがとうございます。マークスデールにおけるゴミ収集ついて話し合うため、この会議を開いております。皆さんが御存じのように、去年の9月に新しいゴミ収集のシステムが導入されました。皆さんの多くがそのシステムはうまく働いていないとおっしゃいます。本日は町役場の職員が何名か同席していますので、どうぞ遠慮なくみなさんの意見を言っていただき、彼らに質問をなさって下さい。

Notes

~, so please feel free to voice your opinions and ask them any questions you have.

 feel free to~　気軽に、遠慮なく~する

 人に「遠慮なく~して下さい」と勧める時に、命令文で使われることが多い表現です。

Words

- town hall ／ táun hɔ́:l ／ [名]　町役場
- garbage ／ gɑ́:*r*bidʒ ／ [名]　ゴミ
- introduce ／ ìntrədjú:s ／ [動]　導入する
- voice ／ vɔ́is ／ [動]　(懸念・疑念などを)口にする

Passage 48

Susan works for a children's charity. Next weekend, the charity will hold an auction to raise money. Susan has been calling local stores and companies to ask them to provide things to sell at the auction. So far, she has been able to get a number of good items, including a television and tickets for a concert. Susan is confident that the auction will be a success.

Passsge 48

> 訳：スーザンは子どもの慈善団体で働いている。来週末、その慈善団体は募金のためにオークションを行う。スーザンはオークションで売るものを提供するよう頼むため、地元の店や会社に電話してきた。今までのところ、彼女は、テレビ１台とコンサートのチケットを含め、たくさんの良い品物を手に入れることができている。スーザンはオークションが成功すると、自信を持っている。

Notes

Susan has been calling local stores and companies to ask them to provide things to sell at the auction.

　　　１文に３つの to 不定詞が使われています。まず、「頼むために電話している」と不定詞の副詞的用法の目的、次に、「物を提供するように頼む」と動詞 ask の SVO ＋ to 不定詞の用法、３つ目は、「オークションで売るためのもの」と things を修飾する形容詞的用法です。

Words

- charity ／ tʃǽrəti ／［名］　慈善 (団体)
- auction ／ ɔ́ːkʃən ／［名］　オークション
- item ／ áitəm ／［名］　品物
- confident ／ kánfədənt ／［名］　自信がある

Passage 49

In some countries, there are organizations called neighborhood-watch groups. They are made up of people who want to reduce crime in their neighborhoods. Members try to prevent crime and protect each other's homes by looking out for anything suspicious. Local police officers support neighborhood-watch groups, and they give members advice and information.

Passsge 49

> 訳：いくつかの国には、自警団と呼ばれる組織がある。それらは近隣での犯罪を減らしたいと願う人々で構成されている。団員たちは不審なことを警戒することで犯罪を防ぎ、お互いの家を守ろうとする。地元の警官が自警団を支援して、団員たちにアドバイスと情報を与える。

Notes

~ prevent crime and protect each other's homes by looking out for anything suspicious.

 「不審なものを警戒することによって、犯罪を防ぎ、互いの家を守ろうとする」

 by ＋動名詞 ~ing で「~することにより」と手段、方法を表現します。

 ex: Peter learned Japanese by watching Japanese movies.

  ピーターは日本映画を見て、日本語を覚えた。

Words

- organization ／ ɔ́ːrɡənizéiʃən ／ [名] 組織
- neighborhood ／ néibərhùd ／ [名] 近隣
- reduce ／ ridjúːs ／ [動] 減らす
- crime ／ kráim ／ [名] 犯罪
- prevent ／ privént ／ [動] 防ぐ
- protect ／ prətékt ／ [動] 守る
- look out for~　~を見張る
- suspicious ／ səspíʃəs ／ [形] あやしい
- support ／ səpɔ́ːrt ／ [動] 支援する

Passage 50

That's the end of today's English-literature lecture. By now, you should have finished reading A Christmas Carol and be ready to start writing your report on the novel. Remember, the report should be at least five pages long. Please turn it in by next Wednesday. In Thursday's lecture, I'll be talking about George Eliot, another great 19th-century novelist.

Passsge 50

> 訳：これで、本日の英文学の講義は終わりです。今までに、皆さんは「クリスマス・キャロル」を読み終え、この小説についてのレポートを書き始める準備ができているはずです。よろしいですか、レポートは少なくとも5ページの長さでなければなりません。それを来週の水曜日までに提出して下さい。木曜日の講義では、もう1人の偉大な19世紀の小説家である、ジョージ・エリオットについて話します。

Notes

By now, you should have finished reading Christmas Carol and be ready to start writing your report on the novel.

「～のはずである」という意味で助動詞 should が使われています。

ex: He should be aware of the problem.
　　彼はその問題に気付いているはずだ。
　　They should have arrived there by now.
　　彼らはもうそこに着いているはずだ。

Words

- literature ／ lítərətʃər ／ [名] 文学
- turn in ／ tə́:rn ／ 提出する
- lecture ／ léktʃər ／ [名] 講義
- novelist ／ návəlist ／ [名] 小説家

Passage 51

Tammy loves looking at the night sky. On the balcony of her apartment she has a telescope that she uses to look at the moon, the planets, and the stars. When Tammy's friends come to her apartment, they often want to look through the telescope, too. Tammy enjoys showing them how to use the telescope and explaining what they are looking at.

Passsge 51

> 訳：タミーは夜空を見るのが大好きである。彼女は、アパートのバルコニーに、月や惑星や恒星を見るための望遠鏡を置いている。タミーの友人たちが彼女のアパートに来ると、彼らもしばしば望遠鏡をのぞきたがる。タミーは彼らにその望遠鏡の使い方を教え、彼らが見ているものを説明することを楽しむ。

Notes

Tammy enjoys showing them how to~

 enjoy ＋動名詞 ~ing　〜することを楽しむ　〜して楽しむ
 enjoy の目的語に動名詞を取る動詞です。このような動詞は、他に mind, avoid, finish, escape, stop などがあります。
 ex: Would you mind closing the door?
  ドアを閉めてくれますか？
  He finished writing the letter.
  彼は手紙を書き終えた。

Words

- balcony ／ bǽlkəni ／ [名]　バルコニー
- telescope ／ téləskòup ／ [名]　望遠鏡
- planet ／ plǽnit ／ [名]　惑星
- explain ／ ikspléin ／ [動]　説明する

Passage 52

Toru is employed by a shipping company in Osaka. At the moment, he is studying business management for a year at a college in California. This is because Toru's boss encouraged him to take the program there. Toru is not receiving any salary while he is in California, but the company is paying his college fees. After Toru graduates, he is going to work at the company's main office in Tokyo.

Passsge 52

> 訳：トオルは大阪の運送会社に雇われている。現在、彼はカリフォルニアある大学で1年間、企業経営を学んでいる。これは、トオルの上司がそこでプログラムを受講するように薦めたからである。カリフォルニアにいる間、彼は給料をまったく貰っていないが、会社が大学の授業料を払っている。卒業した後、トオルは東京にある本社で働く予定である。

Notes

This is because Toru's boss encouraged him to take the program there.

    This (That) is because~　…(this, that 等が指す事実)は~だからです。

    ex: He didn't go to school. That is because he was sick.

    彼は学校に行かなかった。それは、病気だったからだ。

Words

- employ ／ implɔ́i ／ [動]　雇う
- shipping company ／ ʃípiŋ kʌ́mpəni ／ [名]　運送会社
- business management ／ bíznis mǽnidʒmənt ／ [名]　企業経営
- fee ／ fi: ／ [名]　授業料
- graduate ／ grǽdʒuət ／ [動]　卒業する

Passage 53

Mr. and Mrs. Thompson love exercise and often go jogging together. Recently, they have also been thinking about changing their diet. They have decided to reduce the amount of meat they eat. They used to have meat nearly every day, but now they plan to eat fish instead at least three times a week. They think this will be better for their health.

Passsge 53

> **訳:** トンプソン夫妻は運動が大好きで、よく一緒にジョギングに行く。最近、彼らは食生活を帰ることも考えてきた。彼らは食べる肉の量を減らすことを決めた。彼らは、以前ほぼ毎日肉を食べていたが、今は代りに最低週に3度、魚を食べる計画である。彼らは、これは自分たちの健康ためにもっと良いだろうと思っている。

Notes

They used to eat meat nearly every day, ~

 used to~ （以前は）〜したものだ、〜であったものだ

 過去の規則的に繰り返された行為、状態について言う時に使います。

 過去の不規則な繰り返しについて言う時は、would を用います。

 ex: He used to be shy.

  彼は以前は内気だった。

  We would often play together.

  我々はよく一緒に遊んだものだ。

Words

- exercise ／ éksərsàiz ／［名］ 運動
- go jogging ／ dʒágiŋ ／ ジョギングに行く
- diet ／ dáiət ／［名］ 食生活
- reduce ／ ridjú:s ／［動］ 減らす
- amount ／ əmáunt ／［名］ 量
- instead ／ instéd ／［副］ 代りに

Passage 54

The Catherine Palace is located near the city of St. Petersburg, Russia. It was completed in 1756. More than 100 kilograms of gold were used to decorate the building, and many beautiful statues were placed on the roof. Until the beginning of the 20th century, the palace was used as a summer home by the Russian royal family. Now, it is a major tourist attraction.

Passsge 54

> 訳：エカテリーナ宮殿は、ロシアのサンクトペテルブルク市の近くにある。それは1756年に完成された。建物を装飾するために、100キロ以上もの金が使われ、多くの美しい像が屋根の上に配置されている。20世紀初頭まで、宮殿はロシア王室に夏の別荘として使われていた。現在は主要な観光名所となっている。

Notes

More than 100 kilograms of gold was used to decorate the building~

 訳からわかるように、use「使う」の受動形と不定詞の副詞的用法の目的の組み合わせで、used to~「~したものだ」ではありません。

Words

- palace ／ pǽlis ／ [名] 宮殿
- be located ／ lóukeitid ／ 位置する
- St. Petersburg ／ séint píːtərzbə̀ːrg ／ サンクトペテルブルク
- complete ／ kəmplíːt ／ [動] 完成する
- decorate ／ dékərèit ／ [動] 装飾する
- statue ／ stǽtʃuː ／ [名] 像
- royal family ／ rɔ́iəl fǽməli ／ 王室
- attraction ／ ətrǽkʃən ／ [名] 人を引き付けるもの、呼び物

Passage 55

Why not come watch a movie at the Mayfield Plaza Cinema this weekend? If you invite three friends or more, you can take advantage of a great offer. Groups of four or more can get 50 percent off all snacks and drinks. Call us at 555-3829 to check movie times.

Passsge 55

> 訳：今週末はメイフィールド・プラザ・シネマに映画を観にいらっしゃいませんか？ もし3人以上のお友だちをお連れになりましたら、素晴らしい特典をご利用できます。4人以上のグループには、すべてのスナックと飲み物が50パーセント引きになります。上映時間を確認するには555-3829にお電話下さい。

Notes

Why not come watch a movie at the Mayfield Plaza Cinema this weekend?

 Why not ~ は、Why don't you ~ の省略形。「~したらどうですか」という勧誘の意味になります

Words

- take advantage of ~ ／ ædvǽntidʒ ／　~を利用する
- snack ／ snǽk ／［名］　スナック、軽食

Passage 56

Valerie is an editor at a publishing company called Clearwater. Last month, Clearwater held a story-writing contest for high school students, and Valerie was one of the judges. The writers of the five best stories were each given a prize of 100 dollars, and their stories were put on the company's website.

Passsge 56

> **訳**：バレリーはクリアウォーターという出版社の編集者だ。先月、クリアウォーター社は高校生のための作文のコンテストを開催し、バレリーは審査員の１人だった。最も良い５つの作品の作者たちが、めいめい100ドルの賞金を授与され、彼らの作品は会社のウェブサイトに掲載された。

Notes

~ publishing company called Clearwater.
　　　名詞＋分詞　の分詞の後置修飾のパターン。
　　　ex: a doctor respected by everyone（過去分詞の後置修飾）
　　　皆に尊敬される医師
　　　student studying law（現在分詞の後置修飾）
　　　法律を勉強している学生達

Words

- editor ／ édətɚ ／ ［名］　編集者
- publishing company ／ pʌ́bliʃiŋ kʌ́mpəni ／ ［名］　出版社
- prize ／ práiz ／ ［名］　賞

Passage 57

In 2008, Orly Airport in Paris announced an interesting construction project. Engineers plan to use natural hot water from deep underground to heat the airport buildings. They will dig a 1,700-meter-deep hole to bring the hot water to the surface. It will then be pumped directly into the airport's heating system. Airport managers hope the project will lower energy costs and be good for the environment.

訳：2008年に、パリのオルリー空港は興味深い建設プロジェクトを発表した。空港の建物を暖めるために、技師たちが地下深くの自然の温水を使う計画をしている。彼らは、温泉を地上にもってくるため、深さ1700メートルの穴を掘る。温水は、それから空港の暖房システムにポンプで直接送り込まれる。空港の経営陣はこのプロジェクトがエネルギーの経費を引き下げ、環境のためにも良いものと期待している。

Notes

~ the project will lower energy costs and be good for the environment.

　　　助動詞 will は直後の lower だけでなく、原形で用いられていることからわかるように、be 動詞にも掛かっています。

Words

- announce ／ ənáuns ／ [動]　発表する
- construction ／ kənstrʌ́kʃən ／ [名]　建設
- lower ／ lóuər ／ [動]　下げる

Passage 58

Madeline works for a marketing company in New York. Last week, she flew to London on business. After she arrived at her hotel, she realized that she had forgotten to bring an important document. Madeline quickly called her office in New York and asked a co-worker to fax the document to her hotel. The fax arrived a few minutes later, and the rest of her trip went smoothly.

Passsge 58

> **訳**：マデリンはニューヨークのマーケティング会社で働いている。先週、彼女は仕事でロンドンに飛んだ。ホテルに着いた後、彼女は重要な書類を持ってくるのを忘れたことに気付いた。マデリンはすぐにニューヨークのオフィスに電話をかけ、同僚に書類をファックスするように頼んだ。ファックスは数分後に届き、出張はそれ以降順調にいった。

Notes

~ she realized that she had forgotten to bring an important document.

> realize「気が付く」するまえに、「書類を忘れる」という行為が行われているので、that 節内では、過去に先立つ、さらなる過去を表す大過去の過去完了が使われています。

Words

- arrive ／ əráiv ／［動］ 到着する
- realize ／ ríːəlàiz ／［動］ 悟る
- document ／ dɑ́kjumənt ／［名］ 書類
- co-worker ／ kóu wə̀ːrkər ／［名］ 同僚
- rest ／ rést ／［名］ 残り

Passage 59

Samantha is a member of the PTA at her son's elementary school. Each year, the PTA makes a calendar of events and activities at the school. A copy of the calendar is sent to all parents. This year, Samantha has been asked to help produce the calendar. She is going to create a design for it on her computer this weekend.

ほしい本は紙の本で。
honto で買えます。
電子書籍なら、
国内最大級の *honto* で。

購入方法

スマートフォン / パソコン

① ネットにて honto で検索

② honto サイトから書籍の購入

③ 届いた機器メールから受信て

ご利用について

スマートフォン（iOS/Android/タブレット）PCが必要です。
■ Android（Google Playストアから）の場合
  Kindleストア ← 電子書籍 → 2Dfacto
■ iPhone / iPadの場合は AppStoreでhontoをご検索
■ PCの場合はブラウザです。
　サイト内のご利用ガイドからご確認ください。

対象キャリア・端末・機種

for PC
for iPad / iPhone
for docomo Smartphone

ご注意：対応機種についてはサイトにてご確認ください。

運営会社：株式会社トゥ・ディファクト

http://hon-to.jp/

honto

Passsge 59

> 訳：サマンサは、彼女の息子が通っている小学校のPTAの一員である。毎年、PTAは学校の催しや活動のカレンダーを作る。カレンダーはすべての親に1部ずつ送られる。今年、カレンダーを制作するのをサマンサは手伝うよう頼まれた。彼女は今週末、コンピュータでカレンダーのデザインを創るつもりである。

Notes
~ Samantha has been asked to help produce the calendar.
　　動詞askのSVO+to不定詞のパターン（誰に～することを頼む）が現在完了時制の受動態で用いられています。

Words
- produce ／ prədjúːs ／ [動] 制作する
- create ／ kriéit ／ [動] 創る

Passage 60

The story of how potato chips were invented is an interesting one. One day in 1853, a chef named George Crum cooked some French fries. A customer in Crum's restaurant said the fries were too thick to eat. This upset Crum. To make the customer angry, he made fries that were too thin to eat with a fork. Surprisingly, the customer loved them. These thin fries were later named potato chips.

Passsge 60

> **訳**：ポテトチップがどのように考案されたかについての話は興味深いものである。1853年のある日、ジョージ・クラムというシェフがフライド・ポテトを作った。クラムのレストランの客の1人が、そのフライド・ポテトは厚すぎて食べられないと言った。これを聞いてクラムは怒った。その客を怒らせようと、彼はフォークで食べるには薄すぎるフライド・ポテトを作った。驚いたことに、客はそれらを大変気に入った。この薄いフライド・ポテトは、後にポテトチップと名付けられた。

Notes

~ the fries were too thick to eat.

~ fries that were too thin to eat with a fork.

too ~ to …　　～過ぎて…できない。

Words

- customer／kʌ́stəmər／［名］　客
- upset／ʌpsét／［動］　怒らせる、動転させる
- thin／θín／［形］　薄い
- surprisingly／sərpráiziŋli／［副］　驚いたことに

Passage 61

Peter usually spends his free time playing the piano. But last week, he had an accident while he was riding his bicycle home from work. He fell off his bike and hurt his wrist. Peter is upset about the accident because it has kept him from playing the piano. Peter's girlfriend, Stacy, will take him to a concert this evening to try to cheer him up.

Passsge 61

> 訳：ピーターは普段、ピアノを弾いて暇な時間を過ごす。しかし、先週、仕事から自転車で帰宅の途中、彼は事故に遭い、自転車から落ちて手首を痛めてしまった。ピーターはそのせいでピアノが弾けないでいるので、その事故について落胆している。ピーターのガールフレンドのステーシーは、彼を励まそうと、今晩彼をコンサートに連れていくつもりである。

Notes

Peter usually spends his free time playing the piano.

 spend+ X（＝時間・期間を表す語句）＋～ ing　～してXを過ごす

 例：She is going to spend her summer vacation traveling thorough Europe.

  彼女はヨーロッパ中を旅行して夏休みを過ごす予定です。

~ because it has kept him from playing the piano.

 S(＝主語) keep O(＝目的語) from ~ing(動名詞)　SがOが～するのを妨げる、させないでおく→SのためにOが～できない

 ex: The storm kept the plane from taking off on time.

  嵐のためにその飛行機は時間通りに離陸できなかった。

Words

- upset／ʌpsét／［形］　動転した、気を悪くした
- keep ~ from…ing　～に…させない
- cheer up／tʃíər／　元気づける

Passage 62

Sophie wants to become a dentist, so she is studying at a dental school in Chicago. The program is hard, and Sophie has to study a lot. However, she still finds time to do some volunteer work. Once every few weeks, she goes to different elementary schools to talk to the students. She teaches the students how to take care of their teeth.

Passsge 62

> 訳：ソフィーは歯科医になりたいと思っているので、シカゴの歯科大学で勉強している。授業は大変で、ソフィーはたくさん勉強しなければならない。しかしながら、彼女はそれでもいくらかのボランティア活動をする時間を見つける。2・3週間に1度、生徒たちと話をするために、彼女はいろいろな小学校に行く。彼女は歯の手入れの仕方を生徒たちに教えるのである。

Notes

She teaches the students how to take care of their teeth.

 疑問詞＋to 不定詞の文型　how to ~ は「~の仕方、どうやって~するか」という意味になります。

 疑問詞＋to 不定詞の文型の他のパターン

● what to~　何を~するか

 He didn't know what to do.

 彼は何をしたらいいかわからなかった

● when to　いつ~するか

 Do you know when to call him?

 あなたはいつ彼に電話したらよいか知っていますか？

● where to　どこで~するか

 Please tell me where to park the car.

 どこに駐車したらいいか教えて下さい。

Words

- dentist／déntist／[名]　歯科医
- dental school／déntl skú:l／[名]　歯科学校
- elementary school／èləméntəri skú:l／[名]　小学校
- take care of ~　~の世話をする、面倒をみる

Passage 63

Attention, passengers. This is your captain speaking. According to the latest weather reports, we will be flying into strong winds today. As a result, we will be landing in Paris about 30 minutes later than scheduled. I am sorry for any inconvenience this may cause. In a few minutes, the cabin attendants will start serving drinks, so please sit back and enjoy the flight.

Passsge 63

> 訳：乗客の皆様にお知らせいたします。こちらは機長です。最新の天気予報によれば、きょう当機は強風の中を飛行することになりそうです。結果として、予定より約30分遅れてパリに着陸することになります。ご迷惑をおかけしますことをお詫びいたします。数分後、客室乗務員が飲み物のサービスを始めますので、おくつろぎになり、空の旅をお楽しみ下さい。

Notes

We will be landing in Paris about 30 minutes later than scheduled.

> 未来進行形は、未来のある時点に進行中の行為、状態を表すのに使われる（例：We will be playing tennis this time tomorrow. 私たちは明日のこの時間テニスをしています）他、この文のように、確実な未来の予定について述べる時にもよく使われます。
>
> ex: We will soon be arriving at Tokyo Station.
> まもなく東京駅に到着いたします。

Words

- passenger ／ pǽsəndʒər ／ [名] 乗客
- captain ／ kǽptən ／ [名] 機長
- according to ／ əkɔ́ːrdiŋ ／ によれば
- weather report ／ wéðər ripɔ́ːrt ／ [名] 天気予報
- land ／ lǽnd ／ [動] 着陸する
- inconvenience ／ ínkənvíːnjəns ／ [名] 不便、不都合
- cause ／ kɔ́ːz ／ [動] 引き起こす
- cabin attendant ／ kǽbin əténdənt ／ [名] 客室乗務員
- serve ／ sə́ːrv ／ [動] (飲食物を)出す
- sit back くつろぐ

Passage 64

Yesterday evening, Simon drove to a movie theater with his girlfriend. When they returned to his car after the movie, Simon realized he had left his car doors unlocked. Fortunately, nothing inside the car had been stolen. Simon will be more careful the next time he parks his car.

Passsge 64

> 訳：昨晩、サイモンはガールフレンドと車で映画館に行った。彼らが映画の後、彼の車に戻った時、サイモンは車のドアの鍵を掛けないままだったことに気付いた。幸い、車の中の物は何も盗まれていなかった。サイモンは次に駐車する時には、もっと注意をするつもりだ。

Notes

Simon realized that he had left his car doors unlocked.

　　　車の鍵を開けたままにすることのほうが、それに気が付くよりも時間的に先立っているので、that 節で過去完了が使われています。

Words

- realize ／ ríːəlàiz ／ [動]　悟る、気付く
- unlocked ／ ʌ̀nlák ／ [形]　鍵がかかっていない
- fortunately ／ fɔ́ːrtʃənətli ／ [副]　幸い
- park ／ páːrk ／ [動]　駐車する

Passage 65

Europe is made up of about 50 countries, from Turkey in the southeast to Iceland in the northwest. Europe got its name from an old Greek legend about a princess named Europa. At first, the princess's name was used to describe the land of Greece. But gradually it started to be used to refer to the whole continent of Europe.

Passsge 65

> **訳**：ヨーロッパは、南東のトルコから北西のアイスランドまで、約50の国で成り立っている。ヨーロッパという名はエウロペという名の王女にまつわる古代ギリシャの伝説からきている。最初、王女の名はギリシャの国土を表すのに使われていた。しかし、徐々にそれはヨーロッパ大陸全体を言うのに使われ始めた。

Notes

Europe is made up of about 50 countries.

　　be made up of~ ~でできている、構成される
　　of は　構成要素・材料を表す働きもします。
　　ex: a house of brick
　　　　レンガ造りの家

Words

- be made up of　で成り立つ、構成される
- Iceland／áislənd／[名]　アイスランド
- Greek／gríːk／[形]　ギリシャの
- legend／lédʒənd／[名]　伝説
- describe／diskráib／[動]　言い表す
- gradually／grǽdʒuəli／[副]　徐々に
- refer to／rifə́ːr／　を指す
- continent／kɑ́ntənənt／[名]　大陸

Passage 66

Sachiko is taking a computer class at a community college. She joined the class because she thought it would help her at work. In the future, Sachiko wants to move to her company's marketing department. Her boss told her that she would have a better chance of being transferred there if she improved her computer skills.

Passsge 66

> **訳：**サチコはコミュニティ・カレッジでコンピュータの講座を取っている。彼女は、仕事の助けになると思ったので、その講座に参加した。将来、サチコは彼女の会社のマーケティング部に異動することを望んでいる。彼女の上司は彼女に、コンピュータの技能が向上すれば、そこに異動できる可能性が高まるだろうと言った。

Notes

~ she would have a better chance of being transferred there ~

> a chance of ~ ~のチャンス、好機　「~するチャンス」というように of の後に動詞が来る場合は動名詞を用います。この例では、受動態なので、be 動詞が動名詞になっています。

Words

- transfer／trænsfə́:r／［動］　転任させる
- improve／imprú:v／［動］　向上させる
- skill／skíl／［名］　技能

Passage 67

The cactus is a plant found in the deserts of Mexico and the southwestern United States. There are many different types of cactus plants, and many people collect them. One problem is that some people take rare cactus plants from the desert to sell them. Now, environmentalists want governments to do more to make sure these rare plants survive in the wild.

Passsge 67

> **訳：**サボテンは、メキシコとアメリカの南西部の砂漠で見られる植物である。多くの異なるタイプのサボテンがあり、多くの人がそれらを採集している。一つ問題なのは、販売のために珍しいサボテンを砂漠から取っていく人たちがいることである。現在、環境保護論者は、これらの珍しい植物が野生の状態で生き残るのを確保するため、政府がもっと対応することを望んでいる。

Notes

~ to do more to make sure these rare plants survive in the wild.

  make sure that 節　必ず…するように計らう、手配する
  この文では that が省略されています。

Words

- cactus ／ kǽktəs ／ ［名］　サボテン
- plant ／ plǽnt ／ ［名］　植物
- desert ／ dézərt ／ ［名］　砂漠
- Mexico ／ méksikòu ／ ［名］　メキシコ
- rare ／ rɛ́ər ／ ［形］　珍しい
- environmentalist ／ invàiərənméntəlist ／ ［名］環境保護論者
- government ／ gʌ́vərnmənt ／ ［名］　政府、行政
- survive ／ sərváiv ／ ［動］　生き残る

Passage 68

Stephanie works at a large art gallery in Springfield. Her job is to promote new exhibitions at the gallery. When the gallery is planning a new exhibition, Stephanie asks an advertising company to make posters with information about it. Next month, there will be an exhibition of drawings by Italian artists from the 17th century. Stephanie will arrange for posters to be put up in public buildings and parks in Springfield.

Passsge 68

> 訳：ステファニーは、スプリングフィールドにある大きな美術館で働いている。彼女の仕事は美術館の新しい展覧会を宣伝することだ。美術館が新しい展覧会を計画している時、ステファニーは広告会社にそれについての情報を載せたポスターを作るよう依頼する。来月、17世紀のイタリアの画家たちのドローイングの展覧会がある。ステファニーは、スプリングフィールドにある公共の建物や公園にポスターを貼り出すように手配するつもりである。

Notes

Stephanie will arrange for posters to be put up in public buildings and parks in Springfield.

  arrange for [誰／何] to ~ [誰／何が] ~するように手配する

  ex: I will arrange for someone to pick up at the station.
    誰かがあなたを駅まで車で迎えに行くように手配しましょう。

Words

- exhibition ／èksəbíʃən／［名］ 展示会
- advertising company ／ǽdvərtàiziŋ kʌ́mpəni／［名］ 広告会社
- drawing ／drɔ́:iŋ／［名］ 素描
- century ／séntʃəri／［名］ 世紀
- put up 掲示する

Passage 69

Edward Lloyd opened a coffee shop in London in 1687. This was a time when trade with other countries was growing, and ships sailed to London from all around the world. Many of Lloyd's customers were involved in the shipping industry, and the coffee shop became very popular because it was a good place to hear news about shipping. Lloyd even started a newsletter with detailed information related to shipping.

Passsge 69

> **訳**：エドワード・ロイドは、1687年にロンドンでコーヒーショップを開いた。これは他の国との貿易が伸びていて、世界中から船がロンドンにやって来た時代である。ロイドの客の多くは海運業に関わり、そのコーヒーショップは海運業に関するニュースを聞くのに良い場所だったので、とても人気が出た。ロイドは海運に関連した詳しい情報を載せたニュースレターまで始めた。

Notes

This was a time when trade with other countries was growing ~

　　関係副詞節が a time がどういう時代であったかを詳しく説明しています。

　　ex: That was a time when few people went up to college.
　　　　それは大学まで進む人がほとんどいない時代だった。

Words

- trade ／ tréid ／ ［名］ 貿易
- customer ／ kʌ́stəmər ／ ［名］ 顧客
- popular ／ pápjulər ／ ［形］ 人気がある
- detailed ／ ditéild ／ ［形］ 詳しい
- related to ／ riléitid ／ に関連した

Passage 70

Good morning, students. I hope you enjoyed our field trip last week. In today's class, I'll start by telling you the names of the rocks we collected during the trip. Then I'll show you pictures of other types of rocks. Finally, I'll explain how to identify different rocks. Today's lesson will be covered on the final exam, so be sure to take good notes.

Passsge 70

> **訳:**生徒のみなさん、おはようございます。あなたがたは先週の校外活動を楽しんだことと思います。きょうの授業では、まず、校外学習であなたがたが集めた岩の名前を教えることから始めます。それから他のタイプの岩の写真を見せます。最後に、異なる岩の見分け方を説明します。きょうの授業は期末試験の範囲なので、しっかりノートを取るのを忘れないで下さい。

Notes

~, so be sure to take good notes.
　　be sure to~　必ず~する
　　ex: Be sure to call me before you come.
　　　　来る前に必ず電話してね。

Words

- field trip ／ fíːld tríp ／ [名]　校外学習
- explain ／ ikspléin ／ [動]　説明する
- identify ／ aidéntəfài ／ [動]　見分ける
- take notes　ノートを取る

Passage 71

Last year, Makoto went to Ireland on a working holiday. He studied at a language school for the first three months. Then he got a job at a golf course. He served food and drinks in the golf course's cafeteria. Makoto practiced his English a lot while he was working, and he was able to play golf for free on his days off.

Passsge 71

> 訳：去年、マコトはワーキングホリデーでアイルランドに行った。彼は最初の3カ月間、語学学校で勉強した。それから彼はゴルフコースでの仕事をみつけた。彼はゴルフコースのカフェテリアで食事と飲み物を出した。マコトは働いている間に英語をたくさん練習し、休日には無料でゴルフができた。

Notes

He was able to play golf for free on his days off.

  be able to~ ~できる。

  ex: She will be able to speak Japanese well.

    彼女は日本語を上手に話せるようになるでしょう。

Words

- Ireland ／ áiərlənd ／ ［名］　アイルランド
- practice ／ præktis ／ ［動］　練習する

Passage 72

Roger started a publishing company 10 years ago. At first, the company only published science-fiction novels. But two years ago, it started publishing other types of fiction, too. Since then, the company has been selling more books and has hired 10 new employees. Roger says the company may soon need to move to a larger office.

Passsge 72

訳：ロジャーは10年前に出版社を始めた。最初、その会社はSF小説だけを出版した。しかし2年前、他の種類のフィクションも出版し始めた。それ以来、会社はより多くの本を売ってきて、10人の新しい社員を雇った。ロジャーは、会社はもうすぐもっと大きなオフィスに移る必要があるかもしれないと言っている。

Notes

～ it started publishing other types of fiction, too.

　　　start ~ing , start to ~ 　start は「～し始める」という意味で、動名詞、to 不定詞のどちらでも目的語にすることができます。

　　　ex: The little girl started crying.

　　　　　The little girl started to cry.

　　　　　少女は泣き始めた。

Words

- publishing company ／ pʌ́bliʃiŋ kʌ́mpəni ／ [名]　出版社
- science fiction ／ sáiəns fíkʃən ／ [名]　SF
- novel ／ nάvəl ／ [名]　小説
- fiction ／ fíkʃən ／ [名]　フィクション、架空の物語
- hire ／ háiər ／ [動]　雇う
- employee ／ implɔ́ii: ／ [名]　従業員

Passage 73

The country of Canada was created in 1867. Over the next 100 years, Canada had several different flags, but Britain's flag was always part of the design. However, many Canadians wanted a completely new flag. A contest was held, and a new design was chosen in 1964. Small changes were made in 1965, and this became the red-and-white maple-leaf flag we know today.

Passsge 73

> **訳：**カナダは、1867 年に建国した。次の 100 年にわたって、カナダにはいくつかの異なる旗があったが、英国旗が常にデザインの一部になっていた。しかしながら、多くのカナダ人はまったく新しい旗を望んだ。コンテストが行われ、1964 年に新しいデザインが選ばれた。小さな変更が 1965 年になされ、これが私たちが今日知っている、赤と白のカエデの葉の旗になったのである。

Notes

~ this became the red-and-white flag we know today.

　　flag の後の目的格の関係代名詞 (which あるいは that) が省略されています。

Words

- Canada ／ kǽnədə ／［名］ カナダ
- create ／ kriéit ／［動］ 創る
- flag ／ flǽg ／［名］ 旗
- completely ／ kəmplíːtli ／［副］ 全く
- maple ／ méipl ／［名］ かえで

Passage 74

Patrick's house is near a lake. The lake is quite large, and Patrick has to drive around it to get to work. Yesterday, the city began building a bridge across the lake. Some of Patrick's neighbors are unhappy about the bridge, but Patrick is pleased. He thinks that once the bridge is completed, it will take him less time to drive to and from his house.

Passsge 74

> 訳：パトリックの家は湖の近くにある。湖はとても大きく、パトリックは仕事に行くのにその周りを迂回して運転しなければならない。昨日、市は湖に架かる橋を建設しはじめた。パトリックの近所の人たちの何人かは橋に関して不満だったが、パトリックは喜んでいる。橋が完成したら、家から車で行き来する時間が短くなると、彼は考えている。

Notes

~ once the bridge is completed, it will take his less time to drive and from his house.

  once ＋文　いったん…してしまうと

  ここでのonceは、従属節を伴う接続詞です。時を表す副詞節なので、未来のことでも現在形のis completedになります。

Words

● neighbor ／ néibər ／ ［名］　近所の人
● complete ／ kəmplíːt ／ ［動］　を完成する

Passage 75

Attention, swimmers. Thank you for using Peachtree Sports Center. Next Saturday, two new swimming instructors will join the center. The instructors will be teaching classes at several different levels. If you think you might be interested in taking lessons, please see a staff member at the front desk for more information.

Passsge 75

> **訳：**水泳中の皆様にお知らせいたします。ピーチツリー・スポーツセンターをご利用いただきありがとうございます。来週の土曜日、2人の新しい水泳インストラクターが加わります。インストラクターは異なるレベルのいくつかのクラスを教えます。もしレッスンを受けることにご興味がおありでしたら、フロントデスクにおりますスタッフに詳細をお尋ね下さい。

Notes

If you think you might be interested in taking lessons ~

 be interested in~　～に興味を持っている。

 「～することに興味を持っている」と in の後に動詞が来る場合は、動名詞になります。

 ex: He is interested in Japanese.

  彼は日本語に興味を持っている。

  He is interested in learning Japanese.

  彼は日本語を習うことに興味を持っている。

Words

● instructor ／ instrʌ́ktər ／［名］　インストラクター

Passage 76

Attention, students. Sometime today, you will hear the fire alarm. At that time, everyone must go outside into the schoolyard. If you are playing sports outside, do not come back into the school building. Please take this fire drill seriously. It is important that everyone knows what to do in the event of a real fire, so follow your teachers' instructions carefully.

Passsge 76

> **訳：**生徒の皆さんにお知らせします。きょうのある時間に、警報が聞こえます。その時、全員外に校庭に出なければなりません。外でスポーツをしているなら、校舎内に戻らないでください。この火災訓練を真剣に考えて下さい。本当の火事の時、全員がどうすればいいかを知っていることは大切です。ですから、先生方の指示に注意深く従って下さい。

Notes

It is important that everyone knows what to do in the event of a real fire, ~

　　形式主語 it の文。It は that 以下の内容を表しています。

　　ex: It is a pity that he is not here today.

　　　　彼がここにいないのは残念だ。

　　　　Is it true that he is going to leave Japan?

　　　　彼が日本を発つというのは本当ですか？

Words

- alarm ／ əlá:rm ／ [名] 警報
- schoolyard ／ skú:ljà:rd ／ [名] 校庭
- fire drill ／ drí l ／ [名] 火災訓練
- seriously ／ síəriəsli ／ [副] 真面目に、真剣に
- in the event of ~ ／ ivént ／ ~の場合に
- instruction ／ instrʌ́kʃən ／ [名] 指示

Passage 77

Peter wants a personal music player, but he doesn't have enough money to buy one. He gets an allowance of 50 dollars a month from his parents, but he always spends the money quickly. His mother suggested that he put some of his allowance in a bank account each month. Peter will do this, and he hopes to save enough money for a music player before the summer vacation starts.

Passsge 77

> 訳：ピーターはパーソナル・ミュージック・プレーヤーを欲しがっているが、それを買うだけのお金を持っていない。彼は毎月 50 ドルの小遣いを両親からもらうが、いつもそのお金をすぐに使ってしまう。彼の母親は、毎月小遣いのいくらかを銀行口座に入れることを勧めた。ピーターはそうしてみる。そして、彼は夏休み前にパーソナル・ミュージック・プレーヤーを買うのに十分なお金を貯めたい思っている。

Notes

His mother suggested that he put some of his allowance in a bank account each month.

> 仮定法現在の文。動詞 suggest(提案する) に呼応して、that 節で動詞 put の原形が使われています。

Words

- allowance ／ əláuəns ／［名］ 小遣い
- suggest ／ sədʒést ／［動］ 提案する
- account ／ əkáunt ／［名］ 口座

Passage 78

William has decided to major in fashion design at a college in Chicago. In his first year, he will study not only clothing design but also marketing and business management. In his second year, he will have a chance to work at a company for a month. This will help him to gain experience that will be useful in his career.

Passsge 78

> **訳：** ウィリアムはシカゴの大学でファッション・デザインを専攻することを決めた。最初の年、彼は服のデザインだけでなく、マーケティングと経営管理も勉強する。2年目には、1カ月会社で働く機会を持つ。これは彼のキャリアで役に立つ経験を得る助けになるだろう。

Notes

In his first year, he will study not only clothing but also marketing and business management.

  not only A but also B　AだけでなくBも　のパターンの文。

  ex: She speaks not only English but also German.
   彼女は英語だけでなくドイツ語も話す。
   Manga is popular not only in Japan but also in many other countries.
   漫画は日本だけでなく、他の多くの国でも人気がある。

Words

- major in~ ／ méidʒər ／　〜を専攻する
- marketing ／ mɑ́ːrkitiŋ ／ [名] マーケティング
- management ／ mǽnidʒmənt ／ [名] 管理
- experience ／ ikspíəriəns ／ [名] 経験

Passage 79

The country of Peru in South America has some ancient towers called the Thirteen Towers of Chankillo. They were built about 2,300 years ago. Scientists believe that people once used the towers to mark the position of the sun. The towers show where the sun rises or sets at different times of the year, so scientists think they were used as a kind of calendar.

Passsge 79

> 訳：南米のペルーにはチャンキロの13の塔と呼ばれるいくつかの古代の塔がある。それらは約2300年前に建てられた。科学者たちは、人々はかつてその塔を、太陽の位置を示すために使ったのだと信じている。塔は1年の異なる時期で、太陽が昇り、沈む場所を示している。だから、科学者たちは、塔は一種のカレンダーとして使われたのだと考えている。

Notes

The towers show where the sun rises or sets at different times of the year.

> 関係詞 where が先行詞なしに用いられている文です。先行詞として place を補ってみるととらえやすいかもしれません。

ex: This is where the accident took place.

> ここが事故の起きた場所です。
>
> The museum is not far from where he lives.
>
> その博物館は彼の住んでいるところから遠くない。

Words

- ancient ／ éinʃənt ／ [形] 古代の、古い
- rise ／ráiz ／ [動] 昇る
- set ／ sét ／ [動] 沈む

Passage 80

Trevor started working for Brightside Corporation in California last year. The company makes parts for computers and exports them around the world. It has several offices in Europe and Asia, and Trevor hopes he will have a chance to work in one of them in a few years. Trevor has told his boss that he would like to be transferred abroad someday.

Passsge 80

> 訳：トレバーは昨年、カリフォルニアのブライトサイド・コーポレーションで働き始めた。その会社はコンピュータの部品を作り、世界中に輸出する。会社はヨーロッパとアジアにいくつかの営業所があり、トレバーは数年したら、それらの1つで働く機会を得たいと思っている。トレバーはいつか海外に転勤したいということを、上司に告げた。

Notes

~Trevor hopes he will have a chance to work in one of them in a few years.

  hope that…　…であると望む、だといい

  hope to~　「~したい、することを望む」の用法も可能です。

  ex: She hopes that she will see him again soon.

    She hopes to see him again soon.

    彼女はじきに彼と再開できればいいと思っている

Words

● export ／ ikspɔ́ːrt ／ ［動］　輸出する
● several ／ sèvərəl ／ ［形］　いくつかの
● transfer ／ trænsfə́ːr ／ ［動］　転勤させる
● abroad ／ əbrɔ́ːd ／ ［副］　海外に

Passage 81

Michael started studying chemistry at a college in New York six weeks ago. So far, he hasn't returned to his hometown in Florida to visit his parents. He's been studying hard and getting used to his new life. Next week, he has some exams, and he needs to prepare for them this week. After his exams, he plans to go home to enjoy his mother's cooking.

Passsge 81

> 訳：マイケルは6週間前、ニューヨークの大学で、科学を勉強し始めた。今までのところ、彼は両親を訪ねにフロリダの生まれ故郷の町に帰っていない。彼は懸命に勉強し、彼の新しい生活に慣れてきている。来週、彼は試験がいくつかあり、今週はその準備をする必要がある。試験の後、彼は母親の料理を楽しむために家に帰る予定である。

Notes

He's been studying hard and getting used to his new life.

　　この文の used は、形容詞です。be [got] used to~ で「~に慣れている [に慣れる]」という意味になります。「以前はよく~したものだった」という意味の used to ~ と混同しないようにしましょう。

　　ex: Ellen is used to speaking Japanese.
　　　エレンは日本語を話すのに慣れている。
　　　Ellen used to speak Japanese fluently.
　　　エレンは、以前は流暢に日本語を話したものだ。

Words

- chemistry ／ kémǝstri ／ [名] 化学
- hometown ／ hóumtáun ／ [名] 故郷の町
- Florida ／ flɔ́:ridǝ ／ [名] フロリダ
- get used to ~　~に慣れる

Passage 82

Thank you for shopping at Fairways Department Store. We are having our winter sale now, and there are many discounts throughout the store. This month, customers who use a Fairways credit card will save an additional 10 percent on every item they buy. If you apply for a Fairways credit card today, you can still benefit from this offer. Please ask a staff member for details.

訳：フェアウェイズ百貨店でお買い物して下さりありがとうございます。ただ今冬のセールを実施しており、店中で様々な割引がございます。今月、フェアウェイズ・クレジットカードをお使いになるお客様は、お買いになる品物すべてに対し、さらに 10 パーセントの節約をすることになるでしょう。フェアウェイズ・クレジットカードを、今日お申し込みになれば、まだこの特別割引をご利用になれます。詳しくはスタッフにお聞きください。

Notes

If you apply for a Fairways credit card today, you will save an additional 10 percent on every item you buy.

> 時、条件を表す副詞節では、未来の will を使わず、現在形を用います。しかし、名詞節、形容詞節などでは will を使いますので注意しましょう。
>
> ex: I will be happy if he comes to the party.
>   彼がパーティーに来たら嬉しい。(if 以下副詞節)
>   I don't know if he will come to the party.
>   彼がパーティーに来るかわからない。(if 以下名詞節)

Words

- discount / dískaunt / [名] ディスカウント、割引
- throughout / θru:áut / [前] ～中で、全体で
- customer / kʌ́stəmər / [名] 客
- credit card / krédit / [名] クレジットカード
- additional / ədíʃənl / [形] 付加の
- item / áitəm / [名] 品物
- apply for~ / əplái / ～に申し込む
- benefit from ~ / bénəfit / ～から利益を得る
- detail / ditéil / [名] 詳細

Passage 83

A new study shows that Americans who live in major cities are living longer than they did 40 years ago. In fact, they are living three years longer on average. According to the study, one reason for this is the reduced levels of pollution in these cities. Because the air is cleaner, people are less likely to get certain illnesses, so they live longer.

Passsge 83

> 訳：新しい研究は、大都市に住むアメリカ人は40年前よりも長生きしていることを示している。実際、平均3歳長生きしている。研究によると、これの1つの理由は、これらの都市で、汚染のレベルが下がっていることである。空気がよりきれいなので、人々がある種の病気になりにくくなり、それで、長生きをするのである。

Notes

~Americans who live in major cities are living longer than they did 40 years.

  didはlivedの代りに使われています。doの代動詞としての用法です。

  ex: He speaks French better than she does.

   彼は彼女よりフランス語を話すのがうまい。

Words

- major ／ méidʒər ／ [形] 大きい、主要な
- on average ／ ǽvəridʒ ／ 平均して
- reason ／ ríːzn ／ [名] 理由
- reduce ／ ridjúːs ／ [動] 減らす
- pollution ／ pəlúːʃən ／ [名] 汚染
- be likely to ~ ／ láikli ／ ~しそうである

Passage 84

Simon is the manager of Waverly Sports Club. Recently, the club has had trouble finding new members, so Simon has decided to hold a special event next Saturday. People who are not members will be able to use the club's facilities for free and take group swimming lessons. Simon will stand at the front desk and hand out membership forms.

Passsge 84

訳：サイモンはウェイバリー・スポーツクラブのマネージャーだ。最近、クラブは新会員を見つけるのに苦労している。それで、サイモンは来週の土曜日、特別イベントを行うことを決めた。会員でない人が、クラブの施設を無料で使用でき、水泳のグループレッスンを受けることができるのだ。サイモンは受け付けデスクに立ち、会員申込用紙を配るだろう。

Notes

Recently, the club has had trouble finding new members,~
  have trouble ~ing ～するのに苦労する
  ex: Did you have trouble getting here?
    ここに来るのに苦労しましたか？

Words

- facility ／ fəsíləti ／ [名]　施設
- for free　無料で
- hand out　配る

Passage 85

Rick Hansen loved sports when he was growing up in Canada. But at the age of 15, he was injured in a traffic accident and had to start using a wheelchair. After that, he played sports like wheelchair basketball. In 1985, Hansen started a journey called the Man in Motion World Tour to raise money for charity. He traveled through 34 countries in his wheelchair, completing a distance of 40,000 kilometers.

Passsge 85

> **訳:** リック・ハンセンはカナダで育っている時、スポーツが大好きだった。しかし、15 歳の時、交通事故で怪我をして、車いすを使い始めなければならなかった。その後、彼は車いすバスケットボールのようなスポーツをした。1985 年に、ハンセンは、慈善募金のためにマン・イン・モーション・ワールドツアーと呼ばれる旅を始めた。彼は車いすで 34 カ国を旅して、40,000 キロの距離を完走した。

Notes

He traveled though 34 countries in his wheelchair, completing a distance of 40,000 kilometers.

　~ in his wheelchair and completed ~ と接続詞を用い、重文を作る代わりに、分詞構文を使った文です。

Words

- injure ／ índʒər ／ ［動］ 傷つける
- wheelchair ／ hwíːltʃɛ̀ər ／ ［名］ 車いす
- journey ／ dʒə́ːrni ／ ［名］ 旅
- raise ／ réiz ／ ［動］ (金を)調達する
- charity ／ tʃǽrəti ／ ［名］ 慈善
- complete ／ kəmplíːt ／ ［動］ 完成する、完遂する
- distance ／ dístəns ／ ［名］ 距離

Passage 86

Stanley is a member of his college rugby team. He enjoys playing rugby, and he never misses a practice session. Last week, Stanley was asked to be the team captain. He is very proud to have this new responsibility. Next year, Stanley will start looking for a job, and he will be sure to write in his résumé that he was chosen team captain.

Passsge 86

訳：スタンリーは大学のラグビーチームのメンバーだ。彼はラグビーをするのを楽しみ、決して練習をしそこなうことがない。先週、スタンリーはチームのキャプテンになることを求められた。彼はこの新たな責任を持つことを、とても誇らしく思っている。来年、スタンリーは仕事を探し始めるが、彼は、チームのキャプテンに選ばれたことを、きっと履歴書に書くだろう。

Notes

Last week, Stanley was asked to be the team captain.
> svo+to不定詞の文型が受動態で使われています。能動態なら、(They) asked Stanley to be the team captain. となります。

Words

- miss ／ mís ／ [動] 逃す
- be proud to ~ ／ práud ／ ~することを誇りに思う
- responsibility ／ rispánsəbiləti ／ [名] 責任
- look for ~　~を探す
- be sure to ~　きっと~する
- résumé ／ rézumèi ／ [名] 履歴書

Passage 87

Last year, Makoto went to New Zealand on a working holiday. He tried a few different jobs, including working as a waiter in a Japanese restaurant. But the job he enjoyed most was helping with the apple harvest on a farm. Picking the fruit was hard work, but he made lots of friends and earned enough money to travel around the country for a month.

Passsge 87

訳：昨年、誠はワーキングホリデーで、ニュージーランドに行った。彼は日本食レストランでウェイターとして働くことを含めて、いくつかの違う仕事をやってみた。しかし、彼が最も楽しんだ仕事はある農場でのりんごの収穫の手伝いだった。りんごを取ることは大変な仕事だったが、彼にはたくさんの友だちができ、国中を1カ月旅行して回るのに十分なお金を稼ぐことができた。

Notes

He tried a few different jobs, including working as a waiter in a Japanese restaurant.

> including ~ は「~を含めて」という意味で、本来は分詞構文ですが、現在は前置詞として扱われています。このような前置詞としては他に、concerning「~に関して」などがあります。

Words

- include ／ inklú:d ／ [動] 含む
- harvest ／ há:rvist ／ [名] 収穫

Passage 88

Attention, please. We'll be landing at Chicago's O'Hare International Airport in 20 minutes. For those of you connecting to Flight 229 to Miami, I need to tell you that your flight has been canceled because of engine problems. Passengers booked on this flight should speak to a Step Airways staff member at our passenger-service desk in Terminal 2. We'll try to put you on a different flight today.

Passsge 88

訳：御案内申し上げます。当機は20分後にシカゴのオヘア空港に着陸致します。マイアミ行き229便にお乗り継ぎの皆様には、エンジンの問題でフライトが中止になりましたことを申し上げます。この便に予約されていた乗客の方は第2ターミナルのパッセンジャー・サービスデスクでステップ航空のスタッフにお話し下さい。本日の他の便にお乗りいただくように致します。

Notes

~ your flight has been canceled because of engine problems.

　　because of は前置詞として用いられますので、文を従えることはできません。Because との使い分けに注意しましょう。

　　ex: The picnic was canceled because it was rainy.

　　　　The picnic was canceled because of the rain.

　　　　雨でピクニックは中止になった。

Words

- land ／ lǽnd ／ [動]　着陸する
- international ／ ìntərnǽʃənl ／ [形]　国際的な
- cancel ／ kǽnsəl ／ [動]　取り消す、中止する
- book ／ búk ／ [動]　予約する

Passage 89

The Dead Sea is located between Israel and Jordan. In fact, the Dead Sea is not actually a sea—it is a lake. No animals, fish, or plants live there because the water is 34 percent salt. This is a much higher level of salt than is found in the oceans. Fish that swim into the Dead Sea from nearby rivers quickly die, which is how it got its name.

Passsge 89

> 訳：死海はイスラエルとヨルダンの間に位置している。実際には、死海は海ではなく、湖である。その水の 34 パーセントが塩分なので、そこにはいかなる動物も魚も植物も棲んでいない。これは、海の塩分レベルよりもはるかに高い。近くの川から死海に泳ぎ込んだ魚はたちまち死んでしまうが、その名の来る由縁である

Notes

This is a much higher level of salt of than is in the ocean.

「ずっと〜だ」と差異を強調したい時には、比較級の前に much をつけて表現することができます。

ex: He runs much faster than you.

彼は君よりずっと足が速い。

That book is much more interesting than that one.

あの本はこの本よりずっと面白い。

Words

- be located / lóukeitid / ある、位置して
- Israel / ízriəl / [名] イスラエル
- Jordan / dʒɔ́ːrdn / [名] ヨルダン
- actually / ǽktʃuəli / [副] 実際には
- ocean / óuʃən / [名] 大洋

Passage 90

Takeshi and one of his co-workers went on a business trip to Osaka last Wednesday. They stayed at a hotel in the city center. In the evening, Takeshi left his room to buy a drink from a vending machine. Unfortunately, Takeshi forgot to take his room key with him. When he closed the door, it locked automatically. Takeshi had to go to the reception desk to get a spare key.

Passsge 90

> 訳：タケシと同僚の1人は先週出張で大阪に行った。彼らは街なかのホテルに泊まった。夜、タケシは、自動販売機で飲み物を買うために部屋を出た。不運にも、タケシは鍵を持って行くのを忘れてしまった。ドアを閉めると、自動的に鍵が掛ってしまった。タケシはスペアキーをもらいに受け付けデスクに行かなければならなかった。

Notes

Unfortunately, Takeshi forgot to take his room key with him.

  forget to~ 「するのを忘れる（＝しそこなう）」という意味。
  forget ~ing は、「したことを忘れる」という意味です。
  ex: Did you forget calling him?
    君は、彼に（電話したのに）電話したことを忘れたのかい？
    Don't forget to call him.
  （これから）彼に電話するのを忘れるなよ。

Words

- vending machine / véndiŋ məʃíːn / ［名］ 自動販売機
- unfortunately / ʌ̀nfɔ́ːrtʃənətli / ［副］ 不運にも
- automatically / ɔ̀ːtəmǽtikəli / ［副］ 自動的に

「音読」エピソード

① 40代女性たちのゼロからの再挑戦

　音読は外国語学習の伝統的な方法で、私自身も学習の過程で音読から多大の恩恵を得ました。英語を指導するようになってからは、生徒さんの負担軽減と、効果の増大を図り、音読とリピーティング、シャドーイングを組み合わせた音読パッケージを考案し、効果を上げてきました。私は、十数年前、当時住んでいた房総の自宅で英語塾を開きましたが、その塾でも、音読パッケージは重要なトレーニングの1つでした。

　初期の思い出深い生徒さんの中に、40代の女性の方々がいました。子育ても一段落し、興味のあった英語に再挑戦したい。時間切れにならないうちに英語を話せるようになるという夢を果たしたい。彼女たちの英語学習に対する熱意はなかなかのものでした。

　しかし、実際に始めてみると、英語の学習は実に地味で単調なものです。英語を自由に操るという華やかな夢と、現実の学習のギャップに幻滅して、あるいは、主婦業や仕事の他に英語学習の時間を作ることの困難さにぶつかって、1人、2人とやめていきました。数カ月すると、最初に10人以上いた40代女性は、数人に減っていました。

英語学習の成功の鍵は継続することに尽きます。学習を始める人のほとんどは、数日から数カ月で学習を放棄してしまうものです。残った数人には、継続的に学習するという喜ばしい習慣が身についていましたが、学習の効果は急激には現れません。また、彼女たちは2つの壁にぶつかっていました。まず、年齢による吸収速度の鈍化です。私自身も30代後半でフランス語を学習し始めた時、20代の時と比べ、吸収速度がずいぶんと落ちているのを痛感したものです。もう1つの壁はあまりにも長いブランクによる基礎力の欠如です。

　彼女たちの中で大学受験をされた方はいませんでした。高校卒業以来、英語にほとんど触れていない状態での再スタートです。be動詞と一般動詞の区別もつかず、This is a book. を疑問文にして下さいというと、Does this a book? などとしてしまうレベルです。受験を済ませたばかりの大学生が英語を学習するのとは条件が全く違います。

　大学受験の経験があり、ある程度の読解力があれば、中学テキスト等を使ってすぐに音読パッケージを始められるのですが、文法・単語などをすっかり忘れてしまっている彼女たちには、いきなりその方法も使えません。基礎の基礎から一項目ずつ文法・文型を教え、自宅では復習してもらうことの繰り返しです。数カ月学習して、中学1年レベルの文法・文型を終えた段階で、ようやく中学1年の英語テキストを使っての音読パッケージを導入することができました。

しかし、このころから彼女たちの吸収ペースも上がって来たのです。中学1年のテキストで音読パッケージを行うことによって、じわじわと英語を受け入れる体質が養われ、リスニング力が伸び始めました。また、中学1年の文法・文型の基礎をしっかり身につけることで、内容の難度が上がったにもかかわらず、中学2年レベルの吸収ペースは、むしろ上がっていました。それには、中学1年のテキストの音読パッケージによって養われ始めた、英語を受け入れる体質も一役買っていました。

　1年程して、中学英語の文法・文型が身に付き、中学3年分のテキストの音読パッケージを終えた頃、彼女たちの1人が英検準2級の受験を宣言しました。中学時代に英検3級を取っていたので、数10年のブランクを経てその1つ上をというわけです。準2級には高校レベルの内容が含まれますが、彼女が1年学習してきたのは、中学英語だけです。私が高校レベルの内容を少し学習してから挑戦したらどうかと提案すると、既に申し込みを済ませてしまったということでした。

　受験してみて合格レベルとの差を測っておくのもいいだろうと思っていた私の予想に反し、彼女は一回で見事に1次試験に合格してしまったのです。1次試験の採点表を見ると、中学英語の知識しかない彼女の筆記試験の得点は不十分だったものの、リスニング試験のスコアがほぼ満点で、合計するとわずかに合格基準点を上回っていたのです。1次合格者のリスニングの平均得点は6割5分程度でしたから、彼女の聴解力は際立っていました。音読パッケージなど音声的なトレーニングを地道に1年継続した賜物

です。わずか1年ほどの学習で、知識は中学英語に限られるけれど、その知識が非常に効率よく稼働しているという彼女の英語力に、私は指導者として満足でした。勢いを得て、臨んだ2次試験ですが、しっかりと英語を聴き、声を出すトレーニングを積んできた彼女は、2次の面接試験はほぼ満点の採点で合格でした。

　この結果を受け、同等の力をつけていた他の40代女性の受講生に、次の回の準2級の受験を勧めたところ、全員が合格して、やはりリスニングで突出した高得点を記録しました。しかし、実のところは他の受験者の聴解力に問題があるのでしょう。筆記試験の部分では、高校レベルの知識が問われるものの、準2級のリスニング試験は、中学英語程度の英文で構成されています。高校レベルの知識がありながら、リスニングテストでパーフェクトな得点ができないということは、知識の稼働率が低いということに他なりません。

　この40代女性受講生の皆さんは、さらに学習を続け、入塾から1年半から2年ほどで全員が英検2級に合格し、そこでもやはりリスニング試験の得点がほぼパーフェクトであるという傾向は変わりませんでした。この敬服すべき女性受講生のお1人は、海外旅行が好きで、いつか英語を覚えて、個人旅行を楽しむことが夢でした。彼女は、私の教室に来る前、ネイティブ・スピーカーによる英会話教室に行き、まったく先生の言うことが聴き取れず、すぐにやめてしまうという苦い体験をしていました。私との授業でも、入塾当初は、英語で話しかけても、ほとんどわからない状態でした。しかし、音読パッケージ等のトレーニングで彼女

のリスニングは著しく向上し、1年程経った後は、私の話す英語は、たまさか難しい単語が混じってしまった場合以外は、完璧に聞き取れるようになっていました。話す方も、基本文型と基礎的な単語を使って、自分の言いたいことをしっかりと言えるようになっていました。ある日、授業の休憩時間にコーヒーを飲みつつ、「1年前は、一言も聴き取れず、1センテンスも話せなかったなんて、信じられないですねえ。」と2人で感慨にふけったものです。その後、彼女に英語学習の目的に合わせ、会話練習に集中することを勧め、ネイティブの先生を紹介しました。会話力をさらに磨いた彼女は、現在では、英語力を駆使して念願の海外個人旅行を楽しんでいます。

② 眠っている知識を揺り起こそう

　長いブランクで英語の知識が雲散霧消していたこれらの、40代女性塾生たちにとって、中学テキストと言えども、がっぷり四つに組んで取り組む素材でした。しかし、20代や30代と若く、学校英語の知識のかなりの部分が記憶に残っている方、さらに、大学受験経験のある方にとって、中学や高校初等レベルのテキストは、理解するのに努力を要さないごくごく軽い素材でしょう。そして、これこそが、かなりの知識があるものの英語を聴いたり、話したりするという実用面が苦手な人が取り組むべき素材なのです。しかし、実用英語習得の学習を、ここから始めるという人は残念ながら、あまり多くありません。なまじ、知識が有り、内容を頭で理解することは難しくないため、これくらいのことは身についていると錯覚してしまうのです。大学受験などでかなり

勉強した方は、私の塾の40代女性方と比べ、読解できる素材のレベルや文法知識ははるかに上回っています。しかし、英語を聴く、話すということになると逆転現象が起こります。40代女性塾生たちが、限られた知識を有効活用し、英語でのコミュニケーションが取れるのに対し、学校・受験秀才たちは、英語を聴いたり、話したりということになると途端に困難になるのです。

　英語を生きた言語として聴いたり話したりできるようになりたいなら、頭ではたやすく理解できるレベルの英文を耳、口を使って大量に出し入れすることが決定的に大切です。大学受験などでかなりの高い基礎力をつけた方々が、実用英語の習得を目指すのをお手伝いする時、私は初期トレーニングとして、中学から高校初等レベルのテキストの音読パッケージをやってもらいます。この課題に、当惑したり、拍子抜けの表情を浮かべる人も少なくありません。彼らがそれまで使っていた教材は、はるかに高度なものだからです。しかし、簡単なチェックをすると彼らの英語力があくまでも知識で止まっており、スキルには変質してないことがすぐにわかります。例えば、英検2級のリスニング問題をやってもらうと、大半は半分程度の得点しかできません。彼らよりはるかに少ない知識しかない40代女性塾生たちがほぼ満点を取ってしまうのとは対照的です。リスニング問題のトランスクリプト（文字化したもの）を読んでもらうと、彼らはその英文が実に簡単であることに驚き、それが聴き取れないことに愕然とします。こうしたショック療法を経て、ようやく自分の英語体質の欠如を悟り、基本的素材を使った音読パッケージや他のトレーニングに取り組んでくれるのです。

とはいえ、読解力、文法力、語彙力といった基礎のしっかりした人たちですから、一旦トレーニングを始めると、その効果は急速に現れます。一定の基礎力さえあれば、中学レベルの素材で2、3カ月トレーニングするだけで、TOEICスコアが400台だった人が一気に600台に乗ることはざらです。極端な例だと、一気に800点近くまで伸びてしまう例もあります。難解な読解問題や文法問題を解いたり、英単語集を覚えたりしても起こらなかった変化が、なんの負荷も感じない平易な素材によってもたらされたことに、彼らはきつねにつままれたような顔をします。

しかし、魔法でもなんでもありません。手品の種明かしは単純です。彼らの豊富な、しかし眠っていた知識が、音声という言語の本質的要素を使ったトレーニングで揺り起こされたのです。勉強はしてきて知識があるが、実用面は著しく劣る、というタイプの人がすべからくやるべきことは、簡単な英文を侮らず、その容易さを有効に使い、負荷無く大量に音声的トレーニングを積むことです。

③ 上級者の意外な弱点も修正

　学校・受験英語の経験のみの方は、大概、知識に比してその知識の稼働率が非常に低いという問題を抱えています。かなり知的レベルの高い英文がゆっくりとではあるが読みこなせるのに、それよりずっと簡単な内容でも聴いて理解するのは困難で、会話となるとほぼお手上げという状態です。TOEICスコアは400点台から600点位にとどまります。

　しかし、中上級者の中にも、頭で理解できる英語と感覚的に処理できる英語の間の大きなギャップを放置してしまっている人も少なくありません。私がカウンセリングでお手伝いさせていただいたある30代男性も、その1人でした。大手家電メーカーに勤務する彼は、仕事でもコンスタントに英語を使い、TOEICスコアはコンスタントに800点台後半です。エンジニア系の同僚に囲まれた部署で彼は一応英語の使い手とみられているものの、本人は英語を聴いたり話したりすることに、大変なストレスを感じていました。

　TOEICスコアの内訳を見ると、問題点は察しがつきました。トータルスコアが860点だった回の内訳を例に取ると、リーディング・セクション460なのに対し、リスニング・セクションは400にとどまっていました。トータルのスコアはハイレベルだし、リスニングも400に達していて、何の問題があるのだろうと思う方もいるでしょう。しかし、TOEICというテストは、バランスのとれた英語力だと、リスニングとリーディング・セクションのスコアはほぼ同じか、リスニングが上回るものです。リスニング・

セクションがリーディング・セクションより50点以上も低いということは、本当に聞き取れているかは疑わしく、キーとなるフレーズや単語をつなぎ合わせて推測に頼った理解をしている傾向が強いものです。

　英検2級のリスニングを解いてもらうと、問題があぶり出されました。70パーセント程度しか得点できなかったのです。簡単な問題を、ほぼ完全に処理できるかどうかをみると、本当の力を判断するのに非常に有効です。英検2級のリスニングというのは、構文レベルは高校初等レベルで、難しい語句も含まれていませんから、そのレベルの知識があり、そしてそれが稼働していれば、40代女性塾生たちの例のように、ほぼ満点となります。TOEIC高得点者であるものの、知識の稼働率、本当の聴き取りのレベルでは、彼は、TOEICではせいぜい500台の40代女性たちに後れを取っていたと言えます。TOEICという土俵なら、リスニング・セクションに限っても、せいぜい300台半ばの40代女性塾生たちを、彼は上回っています。しかし、その差は、彼が、彼女たちの知らないビジネス関連の語句やイディオムなどの豊富な知識、そして高度な構文・文法知識や読解力を持ち、それらによって妥当な推測ができるということにあります。

　私はその事実を彼に告げ、優しい英文を使った音声トレーニングを行うことをアドバイスしました。彼はそのアドバイスを素直に受け入れ、中学テキストでの音読パッケージを開始しました。一旦始めてしまえば、もともと力があるのでトレーニングは急速に進み、数カ月で、英検2級のリスニング問題の英文までを終えてしまいました。すると狙い通り、知識の稼働率の問題は解決し、彼のリスニング・セクションのスコアはむしろリーディングのを

若干上回るようになり、トータルスコアは900点台で安定するようになりました。実際のリスニングが大分楽になったのはいうまでもありません。

このように、中学から高校初級程度の平易な英文を使っての音声トレーニングは、いわゆる上級者を含めてすべての層にとって、有効な方法です。

著者略歴

森沢洋介
もりさわようすけ

1958年神戸生まれ。9歳から30歳まで横浜に暮らす。
青山学院大学フランス文学科中退。
大学入学後、独自のメソッドで、日本を出ることなく英語を覚える。
予備校講師などを経て、1989〜1992年アイルランドのダブリンで旅行業に従事。TOEICスコアは985点。
現在千葉浦安で学習法指導を主眼とする、六ツ野英語教室を主宰。
ホームページアドレス　http://homepage3.nifty.com/mutuno/

[著書]　英語上達完全マップ
　　　　CD BOOK どんどん話すための瞬間英作文トレーニング
　　　　CD BOOK スラスラ話すための瞬間英作文シャッフルトレーニング
　　　　CD BOOK ポンポン話すための瞬間英作文パターン・プラクティス
　　　　CD BOOK みるみる英語力がアップする音読パッケージトレーニング（以上ベレ出版）

（CDの内容）◎ DISC1　55分27秒　　DISC2　77分58秒
　　　　　　◎ ナレーション　Howard Colefield・Rachel Walzer
　　　　　　◎ DISC1とDISC2はビニールケースの中に重なって入っています。

CD BOOK ぐんぐん英語力がアップする音読パッケージトレーニング 中級レベル

2011年3月25日　初版発行

著者	森沢洋介
カバーデザイン	OAK 小野光一
イラスト・図表	森沢弥生

© Yosuke Morisawa 2011, Printed in Japan

発行者	内田眞吾
発行・発売	ベレ出版 〒 162-0832 東京都新宿区岩戸町12レベッカビル TEL　03-5225-4790 FAX　03-5225-4795 ホームページ http://www.beret.co.jp/ 振替 00180-7-104058
印刷	三松堂印刷株式会社
製本	根本製本株式会社

落丁本・乱丁本は小社編集部あてにお送りください。送料小社負担にてお取り替えします。
本書の無断複写は著作権法上での例外を除き禁じられています。購入者以外の第三者による本書のいかなる電子複製も一切認められておりません。

ISBN978-4-86064-283-9 C2082　　　　　　　　編集担当　綿引ゆか

CD BOOK（2枚付き） どんどん話すための瞬間英作文トレーニング

森沢洋介 著

四六並製／定価 1890 円（5% 税込） 本体 1800 円
ISBN978-4-86064-134-4 C2082　■ 208 頁

「瞬間英作文」とは、中学で習うレベルの文型で簡単な英文をスピーディーに、大量に声に出して作るというものです。文型ごとに中1・中2・中3のレベルに分けて、付属のCDと一緒にトレーニングしていきます。簡単な英文さえ反射的には口から出てこない、相手の話す英語はだいたいわかるのに自分が話すほうはからきしダメ、という行き詰まりを打破するのに効果的なトレーニング法です。

CD BOOK（2枚付き） おかわり！どんどん話すための瞬間英作文トレーニング

森沢洋介 著

四六並製／定価 1785 円（5% 税込） 本体 1700 円
ISBN978-4-86064-256-3 C2082　■ 192 頁

「瞬間英作文トレーニング」とは、中学で習うレベルの文型ごとに、日本文を瞬間的に、声に出して英作文して、英語回路をつくるトレーニングです。本書では、既刊の『どんどん話すための瞬間英作文トレーニング』と同じレベル、同じ文型でトレーニングをしていきます。反射的に英文を組み立てられる力が確実につくこの学習法で、もっとトレーニングしたいという人のための一冊です。

CD BOOK（2枚付き） スラスラ話すための瞬間英作文シャッフルトレーニング

森沢洋介 著

四六並製／定価 1890 円（5% 税込） 本体 1800 円
ISBN978-4-86064-157-3 C2082　■ 248 頁

前作『どんどん話すための瞬間英作文トレーニング』では、文型ごとに中学1・2・3のレベルに分けた例文を瞬間的に英作文して基礎力をつけました。本書では応用力をつけ反射神経を磨いていきます。前半では文型がシャッフルされた例文を、後半では文型が様々に組み合わさったちょっと長めの例文でトレーニングします。スラスラ話せるようになる英作文回路がしっかり作れるトレーニング法です。

CD BOOK おかわり! スラスラ話すための瞬間英作文シャッフルトレーニング

森沢洋介 著

四六並製／定価 1785 円（5% 税込）本体 1700 円
ISBN978-4-86064-262-4 C2082　■ 176 頁

『どんどん話すための瞬間英作文トレーニング』では、文型ごとに中学レベルの例文を瞬間的に英作文して基礎力をつけるトレーニングをしましたが、本書ではそれらの文型をシャッフルして、どの文型の例文かという情報なしに瞬間英作文していきます。前作『スラスラ話すための瞬間英作文シャッフルトレーニング』と同じレベルで、もっとトレーニングしたいという人のための一冊です。

CD BOOK ポンポン話すための瞬間英作文パターン・プラクティス

森沢洋介 著

四六並製／定価 1890 円（5% 税込）本体 1800 円
ISBN978-4-86064-193-1 C2082　■ 184 頁

本書は、『どんどん話すための瞬間英作文トレーニング』『スラスラ話すための瞬間英作文シャッフルトレーニング』既刊のこの 2 冊のように 1 文 1 文を英作文していく方法では日本語にひっぱられてしまって成果をあげづらいという方のために考えた、肯定文を疑問文にしたり、主語や動詞など部分的に単語を入れ換えてそれに瞬間的に反応して英作文していくという新しいトレーニング本です。

CD BOOK みるみる英語力がアップする音読パッケージトレーニング

森沢洋介 著

四六並製／定価 1785 円（5% 税込）本体 1700 円
ISBN978-4-86064-246-4 C2082　■ 176 頁

外国語の力をつけるためには、構造と意味が理解できる文を自分の音声器官である耳と口を使ってトレーニングすることが必要です。本書では、この 1 冊のテキストで、音読、リスニング、リピーティング、シャドーイングをすべてパッケージしてトレーニングを行います。これを「音読パッケージ」と称しています。中学レベルの英文で、語彙も制限し、初級から初中級の学習者に最適のテキストとなっています。英文をトレーニングに合わせたパターンで収録した CD 付きです。

六ツ野英語教室

本書の著者が主宰する学習法指導を主体にする教室です。

🐱 電話
047-351-1750

🐱 ホームページアドレス
homepage3.nifty.com/mutuno/

🐱 所在地
千葉県浦安市北栄 1-16-5 東カン グランドマンション 310
浦安駅から徒歩 1 分

🐱 コース案内

レギュラークラス…週一回の授業をベースに長期的な学習プランで着実に実力をつけます。

カウンセリング…英語学習上のアドバイス、学習プラン作成のお手伝い、学習メソッドの個人指導など学習者の必要に柔軟に応えます。

トレーニング法セミナー…本書で紹介した「瞬間英作文トレーニング」の他、「音読パッケージ」、「ボキャビル」などトレーニング法のセミナーを定期開催します。